ENGEL, JENSEITSBOTSCHAFTEN UND
ANDERES AUSSERSINNLICHE

Erfahrungen einer Lebens- Sterbe- und Trauerbegleiterin

Buch

1. Ich habe durch viele Erlebnisse eine andere Vorstellung von Engel, wie der Durchschnitt anderer Menschen.

2. Von Toten erhalte ich auf verschiedene Weise Botschaften. Sei es telepathisch oder durch Fotos, Schriften, Plakate, Fernsehen, Radio usw. Oft auch durch Fremdenergie wie z.b. als Medium oder Stellvertreterin bei Systemaufstellungen.
Bei der Trauerbegleitung wird mir oft von Botschaften aus dem Jenseits erzählt.

3. Seit meiner Kindheit habe ich außergewöhnliche oder „unnatürliche" Erfahrungen gemacht. Unnatürlich, weil sie nicht in das natürliche und sichtbare Bild der Menschen passt. Außersinnlich, da ich manche nicht mit unseren 5 bekannten Sinnen wahrgenommen habe.

4. Bei meiner Arbeit als Humanenergetikerin arbeite ich mit dem Unterbewusstsein und mit Prana. Diese Arbeit kann man, oder wird oft als außersinnlich bezeichnet.

Ich will den Menschen Mut machen, über ihre außersinnlichen Erfahrungen zu erzählen, statt sie zu vertuschen oder geheim zu halten. Niemand soll sich für unnatürliche Erlebnisse schämen, wie es mir selber bis vor etwa 17 Jahren ergangen ist.

Wir haben einen gesunden Menschenverstand, der vielleicht erweitert wahrnehmungsfähig ist!

Ilse Jedlicka
1210 Wien
E-Mail: jedlicka@hausdesfriedens.at
http://www.hausdesfriedens.at
Dezember 2015

Titelbild: Kathi Jedlicka

Herstellung und Verlag:
BoD – Books on Demand, Norderstedt

ISBN: 9783732235650

ENGELLIED

*Ich ließ meinen Engel lange nicht los,
und er verarmte mir in den Armen,
und wurde klein, und ich wurde groß:
und auf einmal war ich das Erbarmen,
und er eine zitternde Bitte bloß.*

*Da hab ich ihm seine Himmel gegeben,
und er ließ mir das Nahe, daraus er entschwand;
er lernte das Schweben, ich lernte das Leben,
und wir haben langsam einander erkannt....*

*Seit mich mein Engel nicht mehr bewacht,
kann er frei seine Flügel entfalten
und die Stille der Sterne durchspalten,
denn er muss meiner einsamen Nacht
nicht mehr die ängstlichen Hände halten,
seit mein Engel mich nicht mehr bewacht.*

Rainer Maria Rilke

Inhalt

Buch 3
Esoterik und Energetik 8
Mir sind die Engel abhanden gekommen 10
Die ältesten Schriften 11
Beispiele aus dem Alten Testament 13
Beispiele aus dem Neuen Testament 14
ENGEL **15**
Eigenschaften der Engel 15
Habe ich 5 Schutzengel? 16
Der ungeborene Zwillingsbruder 21
Der Spitzbart 24
Gibt es Engel wirklich? 30
Du bist ein Engel 36
Heinzelmännchen und Zwerge 41
Was uns Märchen erzählen 42
Frau Holle 44
Im Tod vereint 51
JENSEITSBOTSCHAFTEN **55**
Botschaften aus dem Jenseits 55
In Liebe eingehüllt 57
Papa grüßt zum Muttertag 59
Von guten Mächten wunderbar geborgen 61
SEELENWANDERUNG **66**
Wenn die Seele den Körper verlässt 66
Luftschlösser oder Tagträume 67
Wo ist Gott bei Katastrophen? 69
Den Tod überstanden 73
LEBENS + FREMDENERGIE **74**
Was ist Prana? 74
Fremdenergie 75
Der Harlekin 77
Die Todessehnsucht 78
Mitleid im Konzentrationslager 79
Jesusenergie 81
Systemaufstellung 83
ANDERES AUSSERSINNLICHE **86**
Humanenergetische Methoden 86
Schmierseife 87
Der Fluch 88
Ritual von der Teeverpackung 89
Managerkapsel 91

Kinderehe	93
Marmorgugelhupf	94
SMS an Lehrerin	95
Bandscheibenvorfall	97
Ein unbeschriebenes Blatt	98
Aura-Technik	99
Was sind „Sindsie"?	99
Zwerge in die Gondel	101
Eifersüchtig auf Begleiterin	102
SPIRITUALITÄT	**104**
Der 6. Sinn	104
Über den Tod zum Frieden auf der Welt	107
Wortlose Kommunikation	110
Der Kirschbaum	113
Chrisammesse	115
Nomen ist Omen	118
Gibt es keine Propheten mehr?	120
Macht Ihres Unterbewusstseins	122
Die Hl. Drei Könige - Astrologen	126
Ich hole euch aus den Gräbern mein Volk	129
Yin und Yang	132
Die Welt verändern	133
Sprachtalent	137
Autorin	139
Haben Sie schon meine anderen Bücher gelesen	140
Quellennachweis	140

Vorwort

Esoterik und Energetik

Die Grenze zwischen Esoterik und Energetik ist sicher nicht scharf zu ziehen. Beide Oberbegriffe stehen für die Arbeit am und für Menschen, für Lebensqualität, für Problemlösungen und dem Streben nach individuellem Glück.

Auf der esoterischen Seite dieses weiten Feldes steht der oft dunkle geheimnisvolle Glaube an die Macht der Mythen, des Alls und seiner Harmonie.

Auf der energetischen Seite das pragmatische Wissen um mentale Kräfte, um Energieströme und um das Machbare, das oft genug nicht erklärbar ist, aber trotzdem wirksam stattfindet.

Kommunikation ist eine Bringschuld. Wir können nicht erwarten, dass sich die Öffentlichkeit mit unserem Selbstbild auseinandersetzt und so sieht, wie wir es gerne hätten. Es ist unsere Aufgabe, unsere Informationen in kleinen, lernbaren Happen schmackhaft anzubieten und wir dürfen nicht erwarten, dass „die Öffentlichkeit" sich aktiv um unsere Information bemüht: Denn Lesen ist Arbeit und das gelebte Vorbild ist - wohl zusammen mit dem profunden Gespräch - ein entscheidender Informations- und Imageträger.

Deshalb ist es nicht unsere Aufgabe, das oft Unerklärliche mit vagen Andeutungen und Halbwissen „wissenschaftlich" zu interpretieren.

Wir können ruhig zugeben, dass wir oft selbst nicht wissen, wieso etwas funktioniert. Aber es ist so. Die Wirkung wird wahr-genommen, sie wird erlebt und hinterlässt oft ein großes Fragezeichen, getragen durch Erleichterung in den Augen unserer Klienten.

Wir Energetiker nützen die Energie des Geistes, der Seele und des Körpers und wir streben nach dem Wissen um das „Warum?"

Aber Holz schwimmt auf Wasser, auch wenn Archimedes nicht geboren worden wäre.

Carpe Diem!
(„Genieße den Tag" oder wörtlich: „Pflücke den Tag")

Berufsgruppenobmann Charly Lechner

Mir sind die Engel abhanden gekommen

Etwa 1993 dachte ich eines Abends: „Mir sind die Engel abhanden gekommen!" Mir wurde bewusst, dass ich nicht mehr an Engel glaubte. Daraufhin sah ich mich in meiner Wohnung um und fand 52 Engel. Als Figuren, in Bildern, in Vorhängen. In Frankreich kaufte ich z.b. 1982 zwei Vorhänge, die mit Netztechnik gearbeitet waren und Engel als Motive hatten. Weder diese Technik und schon gar nicht Engel konnte man zu dieser Zeit in Österreich kaufen. Erst einige Jahre später wurden in Wien Vorhänge mit Netztechnik angeboten. Fast gleichzeitig wurden auch Engel in allen Variationen „wieder modern".

Nach der Feststellung, dass mir die Engel abhanden gekommen sind, machte ich eine Umfrage. Ich habe ca. 50 Leute gefragt, ob sie an Engel glauben und was Engel für sie sind.

Meine jüngere Tochter schenkte mir daraufhin ein Engelbuch.

Ich setzte mich sehr viel mit Engel auseinander. Ich meditierte und ging in mich. Was dabei, und in den Jahren bisher heraus gekommen ist, darüber will ich in diesem Buch schreiben.

Die ältesten Schriften

Die Bibel ist nicht das älteste „Buch", aber das bekannteste.

Das älteste „Buch" ist das „Gilgamesch-Epos". Es befasst sich hauptsächlich mit Astronomie. („Die geheime Botschaft des Gilgamesch" Untertitel: „4.000 Jahre alte astronomische Aufzeichnungen entschlüsselt" von Werner Papke).

„Buch" unter Anführungszeichen deshalb, weil beide Bücher im Original auf Tontafel geschrieben/gemeißelt wurden. Zumindest das Gilgamesch- Epos und ein großer Teil oder alles aus dem Alten Testament.

Das Gilgamesch-Epos ist 4.000 Jahre alt. Das Alte Testament geht bis 1.300 Jahre v. Chr. Es ist also etwa 3.300 Jahre alt und das älteste der Evangelien im Neuen Testament wurde 68 n. Chr. geschrieben.

Im Alten Testament, genauso wie im Neuen Testament wird über Engel geschrieben. Das heißt, schon vor über 3.000 Jahren haben die Menschen geglaubt, dass es Engel gibt.

In Märchen, Sagen und Mythen, die hauptsächlich aufgeschriebene Erzählungen aus uralter Zeit sind, kommt einiges vor, was mich an Engel erinnert. Viele europäische Märchen stammen aus dem nordischen Raum. Die Gebrüder Grimm haben sich zum Beispiel von der Bevölkerung die alten „Sagen" angehört und daraus Märchen geschrieben.

Vieles aber wurde getreu nach den Erzählungen aufgeschrieben.

Im Internet nachgeschlagen finden wir eine ausgezeichnete Information unter:
Wikipedia:
ENGEL
Übersetzung von hebr. מלאך mal'ach „Bote"sind Geistwesen, die in den Lehren der monotheistischen abrahamitischen Religionen des Judentums, Christentums und Islams durch Gott geschaffen wurden und diesem untergeordnet sind.

Das religiöse Verständnis von Engeln und ihrer Funktion und Ordnung ist weitgehend den alten religiösen Texten des Tanach, dem Alten und Neuen Testament sowie dem Koran entnommen. Neben den kanonischen Schriften treten als Quellen für die Vorstellungen von Engeln spätantike und mittelalterliche Heiligenlegenden, Homilien, Wundergeschichten und volkstümliches Erzählgut wie Sagen und Märchen auf. Verbreitet sind auch die zahlreichen Engelvorstellungen der Esoterik.

*Die Vorstellung eines geistigen Wesens neben dem Hauptgott oder den Hauptgottheiten ist im vorderasiatischen Kulturraum alt überliefertes Kulturgut. In den Mythographien Babyloniens und aus den heiligen Schriften des Zoroastrismus sind ähnliche Mittler zwischen Gottheit und Welt zu finden. Bildliche Darstellungen zeigen Engel meist als geflügelte Wesen. Mythische geflügelte Mischwesen im persischen Reich und die Darstellung altägyptischer Gottheiten zeigen Wesen, die zur sakralen göttlichen Sphäre gehören. Engelgestalten sind daher keine Vollgötter, sondern der Kategorie der Halbgottheiten zuzuordnen.
Manchmal werden auch die in polytheistischen Religionen zu findenden gottgleichen, aber nicht göttlichen Wesen, die das Überirdische vermitteln können, mit Engel übersetzt oder verglichen, so z. B. Deva, (Begriff für indische Halbgötter und Gottheiten). Im allgemeinen Sprachgebrauch versteht man unter Engeln jedoch Boten eines einzigen Gottes einer der monotheistischen Anschauungen.*

Beispiele aus dem Alten Testament

Ri. 13,1-25: Die Ankündigung der Geburt Simeons

Gen. 6,1-4: Die Bosheit der Menschen - Gottessöhne, Menschentöchter

Gen. 32,2: Auch Jakob zog seines Weges. Da begegneten ihm Engel Gottes.

Gen. 32,23-33: Jakobs Kampf mit Gott - am Jakobsfluss

Sir. 17,32: Die Jakobsleiter

Beispiele aus dem Neuen Testament

Mt. 1,18-25; Die Geburt Jesu

Mt. 2,13-15: Die Flucht nach Ägypten

Lk. 1,26-38: Die Verheißung der Geburt

Lk. 2,7-16: Die Geburt Jesu

Mt. 28,1-6: Die Botschaft des Engels am leeren Grab

Mk. 16,1-6: Die Botschaft des Engels am leeren Grab

Lk. 24,2-6: die Botschaft der Engel am leeren Grab

Joh. 20,11-18: Die Erscheinung Jesu vor Maria aus Magdala

ENGEL

Eigenschaften der Engel

Wenn ich nun der Bibel (AT + NT), den Sagen, Mythen und Märchen, sowie den eigenen Erlebnissen und Erfahrungen Glauben schenken darf, haben Engel folgende Eigenschaften.

Engel sind:
lautlos, unsichtbar, allgegenwärtig, beschützend, rettend. Sie haben keine Grenzen. Weder eine Mauer, noch eine verschlossene Tür oder Fenster würden sie aufhalten können.

Sie werden Botschafter Gottes oder Bote Gottes und vieles mehr genannt.

Engel sind nicht immer schön. Es wird auch von nicht schönen Engeln geschrieben. In Bildern werden sie allerdings immer schön und jung gezeigt. Meistens in fließenden Frauengewändern und mit Flügeln.

Die Flügel zeigen mir, dass Engel nicht „erdgebunden" sind. So wie sich Vögel in der Luft fortbewegen können, können es Engel in jeder Dimension.

Habe ich 5 Schutzengel?
Als ich gelesen oder gehört hatte, dass Schutzengel Verstorbene, aber keine verstorbenen Verwandten sein könnten, habe ich in mich hineingefühlt, wer von den mir bekannten verstorbenen Menschen mein Schutzengel sein könnte.

Ich machte eine phantastische Entdeckung.
Ich fühlte, dass 5 verstorbene Männer, nicht verwandt waren mit mir und von denen keiner Kinder hatte, meinen Schutz aus dem Jenseits übernommen haben könnten.

Vier von den fünf Männern waren verheiratet, einer war unverheiratet.

1.) Ein Freund der Familie.
Ich denke ich war etwa 2 Jahre alt, als mich meine Mutter zu unseren Wiener Freunden Marta und Eduard Schönerklee mitgenommen hat. Sie musste unvorhergesehen einige Tage in Wien bleiben, daher brachte mich Herr Schönerklee zu meinem Vater nach Hause. Mein Vater konnte meine Mutter nicht begleiten, weil er im Kaufmannsladen sein musste. Herr Schönerklee fuhr mit mir mit dem Zug bis zum Bahnhof in unserem Nachbarort. Von da trug er mich 3 km in meinen Heimatort. An das Zugfahren kann ich mich nicht erinnern, aber an den Schneeballstrauch beim Ortseingang und dass mich Herr Schönerklee die ganze Zeit auf seinen Schultern getragen hat.

Herr Schönerklee war ein krankheitshalber frühzeitig pensionierter Polizist und Frau Schönerklee arbeitete täglich für ein paar Stunden bei einer Familie als Bedienerin. Sie war eine deutsche Frau und sehr elegant. Wenn die beiden zu Besuch bei uns waren, trank Herr Schönerklee heimlich den Rum aus der Flasche in der Kredenz. Papa, der keinen Alkohol getrunken hat, ärgerte sich darüber sehr oft, weil Herr

Schönerklee dadurch betrunken war. Mir aber tat Herr Schönerklee leid.

Als ich schon erwachsen war und in Wien arbeitete, kam er zur Arbeitsstelle und erkundigte sich, wie es mir geht. Er machte mich damit immer verlegen, sodass einmal der Chef lachend sagte: „Ilse, da brauchst du doch nicht rot zu werden."

Jahre später hatte ich ein eigenes Lokal. Da kam er und seine Frau mit meinen Eltern um mich zu besuchen. Die Umstände, in denen ich zu der Zeit lebte, waren für mich sehr anstrengend und es fehlte mir einiges. Da ich nicht täglich in meine Wohnung fahren konnte, benutzte ich eine Wohnung, die zum Lokal gehörte, aber unmöbliert war. Zumindest ein Bett brauchte ich, doch es fehlte mir dazu das Geld. Herr Schönerklee meinte: „Ilse, ich habe eines, das schenke ich dir." Seine Frau war darüber sehr verwundert und sagte: „Von dem konntest du dich bisher nicht trennen. Du wolltest es nie weggeben." „Für die Ilse schon." antwortete ihr Herr Schönerklee.
Als meine erste Tochter noch ein Baby war, besuchten meine Mutter und ich mit meiner Tochter das Ehepaar Schönerklee. Obwohl Herr Schönerklee schon sehr krank war, war er äußerst fürsorglich zu meiner Tochter, worüber ich sehr glücklich war.
Einige Wochen danach starb er. Meine Mutter und ich begleiteten ihn mit seiner Frau Marta zum Grab.

2.) 3.) 4.) 3 Männer aus dem Ort.
Es mochten mich auch die Frauen dieser Männer. Eine der Frauen wollte mich unbedingt adoptieren. Meine Eltern hätten dann immer noch Kinder und bei ihnen würde es mir sehr gut gehen, meinte sie. Mir ging es aber bei meinen Eltern auch gut und gearbeitet habe ich gerne, das ich ja wahrscheinlich auch bei ihnen gemusst hätte. Für mich war das gar kein Thema.

Ich kann mich an die Eigenheiten von jedem der 3 Männer heute noch erinnern.

5.) Pater Felix Osendorfer, der Pfarrer unseres Ortes.
Unser Ort war keine eigene Pfarre, sondern das Pfarrhaus lag im Nachbarort und wir hatten damals nur eine Kapelle in der jeden Mittwoch in der Früh ein Gottesdienst abgehalten wurde. Anschließend hatte der Pfarrer Religionsunterricht in der Schule. Sonntags gingen wir zu Fuß auf einem Feldweg in den Nachbarort.

Er war ein spätberufener Priester. Seine große Liebe heiratete einen anderen Mann, darum ist er Priester geworden. Seine Schwester, die auch nicht verheiratet war, kam als seine Haushälterin mit. Pater Felix Osendorfer war ein sehr fröhlicher Mensch. Er war erst einige Wochen Priester bei uns, als meine Schwester heiratete. Die Hochzeitsgesellschaft war in meinem Elternhaus in zwei Räumen aufgeteilt. Er stellte sich in den verbindenden Türrahmen und erzählte stundenlang Witze. Mit meiner Schwester, der Braut, tanzte er und alle wunderten sich, dass ein Pfarrer tanzt.

Ich musste schon als Kind im Kaufmannsladen meines Vaters mitarbeiten, da habe ich Pater Felix Osendorfer oft bedient, wenn er seinen Tabak und Zigarettenpapier gekauft hatte. Eines Tages verlangte er Scheibenwischer. Ich dachte nach, was er meinen könnte. Denn oft nannte er den Tabak seinen Nasenwärmer. Ich konnte nicht erraten, was er mit Scheibenwischer meinte, bis er es mir sagte: Klopapier!

Einmal die Woche sang ich vor dem Gottesdienst mit ihm die Laudes. Er auf der einen Seite und ich mit einigen anderen Kindern, die anschließend Religionsunterricht hatten, auf der anderen Seite.

Da ich Harmonika spielte, wollte er, dass ich die Kirchenlieder lerne und während des Gottesdienstes spielte. Wir hatten aber in der Terminvereinbarung ein Missverständnis. Er meinte in einigen Wochen und ich spielte schon in der nächsten Woche - man kann sagen - auf. Denn, ohne Rücksicht auf Verluste, spielte ich ein Lied nach dem anderen. Er wollte mir verständlich machen zu warten und die Leute hinter mir riefen mir leise zu, dass ich aussetzen solle. Ich aber sah und hörte nichts außer den Noten. Dann lernte ich aber alle anderen Gebete aus der Betsingmesse auswendig, damit ich richtig einsetzen konnte. Bis heute bin ich unsicher, wenn ich bei einem Gottesdienst etwas lesen oder reden soll, weil mir die Angst im Nacken sitzt, ich könnte wieder im falschen Moment einsetzen.
Nun aber funktionierte es. Heute kann ich noch das Vorgebet/Präfaktion: „Es ist in Wahrheit würdig und recht, billig und heilsam dir immer und überall Dank zu sagen ...." auswendig. Ich habe auch die von Pater Osendorfer mit Schreibmaschine geschriebene Präfaktion bis heute aufgehoben.

Bevor ich bei meinem Vater in die Lehre eintrat, hätte ich so gerne studiert. Der Schuldirektor Schöner und Pater Felix Osendorfer, konnten aber meinen Vater nicht dazu überreden, mich studieren zu lassen. Mein Vater meinte, dass er mich zu Hause brauche. Schuldirektor und Pfarrer brachten mir dann immer Studienbücher, die ich nachts mit einer Taschenlampe unter der Decke gelesen habe, damit die Eltern den Lichtschein nicht sehen konnten.

Pater Felix Osendorfer wollte mich auch schützen, um den Mann, den meine Eltern für mich bestimmt hatten, nicht heiraten zu müssen, aber auch das ist ihm nicht gelungen. Als ich ihm nach der Hochzeit ein Brautfoto ohne Bräutigam schenkte, sah er es an und meinte: „Du siehst aus, als ob du auf den Engel Gabriel warten würdest." Er hatte Recht, denn ich hoffte bei der Hochzeit auf ein Wunder, das damals nicht geschah. Ich war auch bald darauf wieder geschieden.

Kurze Zeit, nachdem unser Pater Felix Osendorfer in Pension nach Michelbeuern bei Salzburg kam, besuchte ich ihn dort. Er sei krank, sagten seine Ordensbrüder, aber er möchte mit mir reden. Er wollte dass ich mich zu ihm aufs Bett setzte und meine kleine Tochter auf den Schoß nehme. Dann fragte er mich: „Ilse, bist du jetzt glücklich?" Ich habe nicht gelogen als ich JA sagte. Denn zu dieser Zeit war ich wegen meiner Tochter sehr glücklich. Ihren Vater habe ich meiner Tochter zu Liebe in Kauf genommen. Als ich von Salzburg nach Hause kam, berichteten meine Eltern, dass ein Anruf gekommen sei, Pater Felix Osendorfer ist gestorben.

Mich würde es bei meiner Vergangenheit nicht wundern, wenn ich 5 Schutzengel gebraucht habe, um hier anzukommen wo ich jetzt stehe und dass ich bereit sein kann, wenn Gott spricht: „Ilse, zieh die Schuhe aus ..."

Der ungeborene Zwillingsbruder

Mit vierzehn Jahren habe ich bei meinem Vater die Lehre als Einzelhandelskauffrau begonnen. Eines Tages schickte mich mein Vater ins Bett, weil ich ein Abszess an der Hüfte hatte. Die Schmerzen waren so stark, dass ich kaum stehen konnte. Einige Stunden danach kam meine Mutter ans Bett um mich zu fragen wie es mir geht. „Mutti mein Knie schmerzt so sehr." erklärte ich ihr. Sie sah sich das Abszess an und meinte, dass nur mehr der „Stöpsel" da ist. Sie wird ihn mit der Pinzette herausholen, dann ist alles gut. Sie hat das auch gemacht, aber da quoll auf einmal fingerdick Blut und Eiter aus dem Abszess. In weitem Bogen ergoss sich der Inhalt des Abszesses, so, dass meine Mutter erschrocken nach meinem Vater rief. Beide hatten zu tun, um mit dem Auffangen und Wegwischen zurechtzukommen. Ich allerdings lachte nur dazu, denn mit jedem Schwall wurden der Druck und der Schmerz leichter.

Der „Stöpsel" war - ein Zwilling. Kleinkinder nennt man oft „Stöpsel". Also hätte das ein Stöpsel mit zwei Beinen werden sollen. Ich habe dieses Erlebnis nie vergessen. Die ganze Familie war bei jeder Geburt auf Zwillinge gefasst, weil auch meine Mutter einen Zwillingsbruder hatte, der aber bei der Geburt gestorben ist.

Als ich dreiundsechzig Jahre alt war, meldete sich mein Zwilling öfter. Erst einmal bei einer Blockadenablöse. Da stellte sich heraus, dass es ein Bruder gewesen wäre und dass er im fünften Schwangerschaftsmonat abgestorben ist.

Als ich einmal bei den Übungstreffen von Systemaufstellungen Klientin war, wurde nach einiger Zeit ein Joker in die Aufstellung hineingestellt, der aufklären sollte, was hier vorgeht. Dieser Joker sagte: „Ich weiß nicht wer oder was ich bin. Es ist wie eine Geburt und doch keine Geburt. Es fließt in hohem Bogen viel Blut und Eiter." Er setzte sich auch gleich auf den Boden zu Füssen der Eltern. Diese Geste hat immer die

Bedeutung von fehlen oder tot sein. Da wusste ich sofort was der Joker darstellte. Es war das Erlebnis mit dem Stöpsel. Bei einer weiteren Blockadenablöse kam er wieder an die Oberfläche. Als Unterstützungsaufgabe musste ich ein Ritual machen, aber ich hatte zwei Wochen Zeit dafür. Diese zwei Wochen brauchte ich, um mich von ihm zu verabschieden. Ich beweinte ihn und war traurig. Ich dachte immer: „Kaum habe ich einen Bruder, der wahrscheinlich so gefühlt hätte wie ich, muss ich ihn schon wieder hergeben." Nach zwei Wochen pflückte ich von meinem Wildrosenstrauch eine Rose und band ihr eine weiße Schleife um. An dem Tag war die Abhandlung meiner verstorbenen Mutter. Nach dem Notar fuhren meine Tochter und ich zum Grab meiner Eltern und ich legte die Rose mit dem Band auf das Grab. Zu meiner Tochter sagte ich: „Schau, es sieht aus als würde ein Baby sein Köpfchen auf das weiße Band legen und schlafen." Einige Tage darauf sah ich zufällig in einem Schaufenster einen Briefbeschwerer aus Glas, in dem ein Engel eingeschliffen war. Es war wie ein Gruß meines ungeborenen Bruders. Selbstverständlich kaufte ich den Briefbeschwerer und seither steht er bei mir auf dem Schreibtisch.

Kurze Zeit später, bei der Abschlusswoche von Three in One Concepts, trat mein Zwillingsbruder wieder an die Oberfläche. Er war der Grund, dass ich Three in One nicht beruflich ausüben wollte, sondern nur kostenlos. Meine Kollegin die mit mir die Blockaden ablöste, die verhinderten, dass ich das Gewerbe als Humanenergetikerin ausübe, hat mir wunderbar geholfen. Sie hielt mir Stirn und Hinterkopf. Und - was bei Three in One nicht üblich ist, sie ließ mich in das Gefühl, das ich hatte wie mein Zwillingsbruder abgestorben ist, hineinfühlen. Weil sie Stirn und Hinterkopf hielt, empfand ich es wie im Bauch meiner Mutter. Sie sprach dazu: „Dein Bruder hat dich nicht

verlassen. Du hast ihn auch nicht vertrieben. Er hatte seine Aufgabe erfüllt, daher musste er gehen."
Nun was war seine Aufgabe? Was war das für eine Botschaft? Ich war das einzige Wunschkind von vier Kindern. Meine Mutter hat mir das immer wieder erzählt. Einmal fand ich beim Putzen einen Brief, den meine Mutter meinem Vater im Krieg geschrieben hatte. Darin stand: „Wenn ich nicht schwanger werde, lasse ich mich scheiden." Ich war damals etwa vierzehn oder fünfzehn Jahre alt und fragte meine Mutter öfter: „Mutti, was hast Du Dir dabei gedacht? Im Krieg wünscht sich doch niemand ein Kind?" Sie gab mir nie eine Antwort, aber hatte ein eigenartiges Lächeln im Gesicht. Bei einer Aufstellung stellte sich heraus, dass sie Hitler einen Jungen schenken wollte.
Nun waren zwei Kinder in ihrem Bauch. Jetzt kommt die Aufgabe des Zwillingsbruders ins Spiel, denn Gott hatte ganz was anderes vor. Der gewünschte Hitlerjunge musste gehen und ich als Mädchen wurde geboren und eine Friedensaktivistin. Er musste fünf Monate an meiner Seite sein, bis ich seine Liebe übernehmen konnte um stark und liebevoll genug sein zu können, als Friedensaktivistin aufzutreten. 1997 wurde ich z.B. eine der Friedensnobelpreisträgerinnen durch das weltweite Verbot der Anti-Personen-Minen.
Was mir noch aufgefallen ist, war der Siebenjahreszyklus. Als ich 14 Jahre alt war das Abszess und mit 63 Jahre, Bewusstwerdung und verarbeiten. Das heißt, mit vierzehn ließ ich ihn körperlich los und mit dreiundsechzig seelisch.

Man sagt, wenn Ungeborene oder Babys sterben sind sie Engel.

Der Spitzbart

Kurze Zeit nachdem ich mit acht Jahren nach einer ansteckenden Krankheit, an der ich fast gestorben wäre, aus der Quarantäne im Krankenhaus wieder zu Hause war, hatte ich ein Erlebnis, das Anlass war für den Spott der Kinder in unserem Ort.

Vielleicht bilden Sie sich jetzt auch die Meinung, ich würde in die Klappsmühle gehören. Aber wenn Sie selber so ein Erlebnis hatten, kann Ihnen meine Erzählung vielleicht helfen, dazu zu stehen, denn Sie sind nicht verrückt.

Über dieses Erlebnis habe ich bis vor etwa 17 Jahren nicht mehr gesprochen. Ich habe es nie vergessen und bis dahin in meinem Herzen getragen. Dann hat mir Gott sei Dank, ein Friedensfreund mein Geheimnis entlockt. Nach meiner Erzählung, während der er mich immer ermunterte weiter zu erzählen, hat er mir erklärt, dass es auch andere Menschen gibt, die so ein Erlebnis oder Begegnung hatten. Inzwischen habe ich persönlich einige Menschen mit dieser Erfahrung kennen gelernt.

Eines Nachts wurde ich wach und lag in meinem Bett so, dass ich zur Wand schaute. Ich fühlte, dass in diesem Raum außer meiner Schwester und mir noch jemand ist, daher getraute ich mich nicht umzudrehen und weckte meine Schwester mit den Worten: „Traude, dreh das Licht an, hier ist jemand." Sie aber wollte und wollte nicht. Mein Drängen hat nichts gebracht, daher drehte ich mich um - und sah ihn - den „Spitzbart". Ich begann fürchterlich zu schreien. Im nächsten Moment war mein Vater da und drehte das Licht auf. Wie ein Spuck war der „Spitzbart" weg. Mein Vater wollte mich trösten und beruhigen und hat heimlich an den Kleidern, die am Nähtisch lagen, gezupft und mir erklärt, ich hätte den Schatten der Kleider gesehen. Mir war aber klar, dass dem nicht so war. Das konnte gar nicht der Schatten sein, weil der Schatten auf der falschen Seite gewesen wäre.

Wenn ich nämlich in die Richtung sah, wo der Spitzbart hockte, war links von ihm ein Fenster durch das die Straßenbeleuchtung ins Zimmer strahlte. Rechts von ihm war der Nähtisch mit den Kleidern. Da hätte der Schatten doch rechts von den Kleidern sein müssen und nicht vor bzw. links von den Kleidern, dort wo der Spitzbart hockte.

Ich habe gar nicht erst mit Papa diskutiert, ich verstand seine Bemühungen mich zu trösten. Es war mir bewusst, dass mich niemand verstehen konnte und ich habe bis vor siebzehn Jahren nicht mehr darüber gesprochen. Doch ich wusste immer, dass ich diese Gestalt mit den eigenen Augen gesehen habe und dass es keine Einbildung war. Ich kenne inzwischen wie es ist, wenn die Seele aus dem Körper tritt, ich kannte damals schon Wahrnehmungen, Visionen und Träume, die sich erfüllten und ich bin in der Kindheit „schlafgewandelt", aber dieses Erlebnis war wahrhaftig.

Meine Schwester konnte den Mund nicht halten und hat es weiter erzählt, deshalb der Spott der Kinder. Sie beschimpften mich: „Spitzbart, Spitzbart, Spitzbart." Als mir das einmal zu viel wurde, wollte ich es wissen - was da war. In dieser Zeit haben die Leute darüber gesprochen, dass „Marsmenschen" in unserer Gegend gesehen wurden und diese würden einen Handteller großen Fettfleck hinterlassen, der nicht zu entfernen ist. Ich schaute mir den Platz an, wo diese Gestalt war und entdeckte einen Fettfleck, so groß wie meine Hand. Nachdem ich 8 Jahre alt war, kann das schon die Größe des Handtellers eines Erwachsenen gewesen sein. Dann nahm ich Fleckentferner, Seife, Geschirrspülmittel und Asche um diesen Fleck zu entfernen, aber schaffte es nicht. Solange dieser Teppich dort lag, war der Fettfleck sichtbar.

Erst der Friedensfreund aus Salzburg löste das Rätsel. Er schickte mir Ausschnitte einer Zeitung, wo solche Begegnungen beschrieben wurden und sogar Bilder von den Gestalten dabei waren. Bei den Bildern wurde mir klar, was der spitze Bart war. Diese Gestalten tragen Kapuzen, die vorne so fallen, dass der Schatten wie ein spitzer Bart aussieht. Es wurde beschrieben, dass diese Gestalten immer neben Türen erscheinen, so war es auch bei mir. Er hockte neben der Tür und über ihm war der Weihwasserbehälter.

Ich war froh endlich eine Erklärung zu haben. Inzwischen kenne ich auch die Bedeutung solcher Erscheinungen, von denen schon im Alten Testament geschrieben wurde.

Er war braun in Braun. Es gab keine andere Farbe als Braun beim Spitzbart und seinen Kleidern. Er hatte große Schuhe an, die vorne eine sehr lange Spitze bildeten. Sie sahen so aus, als ob sie aus Filz wären. Seinen Kopf bedeckte eine Kapuze, daher sah ich keine Haare, nur sein Gesicht. Es war das Gesicht eines uralten Mannes. Er war etwa einen Meter groß. Das heißt, er war klein und deshalb dachte ich, dass er nicht steht, sondern in der Hocke ist.

Er hockte da - stumm und ausdruckslos. Er war keine Gefahr, sondern nur fremd. Nicht wie ein Einbrecher. Die Situation war deswegen beängstigend, weil er hässlich war, ungewohnt (keine alltägliche Begegnung) und durch das uralte Gesicht nicht menschlich aussah.

Der Spitzbart ist mit einigem vergleichbar.

Er war lautlos und konnte sich wie mit einer Tarnkappe aus den Nibelungensagen unsichtbar machen.

Er war klein und alt wie die Zwerge in den Märchen.

Eine Bekannte erzählte mir vor vielen Jahren, dass ihr Sohn einmal so eine Gestalt wie ich sie beschrieben habe, im Gitterbett neben seiner Tochter liegen sah. Er riss seine Tochter an sich und verlies entsetzt die Wohnung. Seine Frau nahm er selbstverständlich mit.

Einige Zeit später zerstritten sich meine Bekannte und ihr Sohn. Er verhielt sich ihr gegenüber oft sehr bösartig. Da wurde ich nachdenklich und sagte zu ihr: „Entweder ändert sich Dein Sohn und wird ein ganz liebenswerter Mensch, oder es stimmt etwas mit der Erscheinung nicht, denn was ich inzwischen erfahren habe, werden diese Gestalten nur Menschen sichtbar, die einen besonderen Auftrag haben oder als Warnung."

Einen besonderen Auftrag z.B. sich für Friede, Gerechtigkeit, Bewahrung der Schöpfung oder der Menschenwürde einzusetzen.

Nun erzählte mir die Bekannte, dass sie von den Nachmietern dieser Wohnung erfuhr, dass sie erst in die Wohnung einziehen konnten als der Ofen repariert war, weil es sonst in der Wohnung lebensgefährlich gewesen wäre. Also: Warnung.

Ungefähr zehn Jahre später nahm der Sohn meiner Bekannten wieder Kontakt zu ihr auf. Er wurde ausgesprochen liebenswert. Er ist so etwas wie ein Berater für sie geworden, wenn es ihr nicht gut geht.

Seit fast 30 Jahren wohne ich in meiner jetzigen Wohnung und denke öfter, dass der Spitzbart in meinem Schlafzimmer sein könnte. Der Grund dafür ist, weil dieses Zimmer so angelegt ist, wie das Schlafzimmer in meiner Kindheit. Sogar das „Weihwasserkacherl" unter dem der Spitzbart damals hockte, habe ich seit dem Tod meiner Mutter neben der Tür aufgehängt.

Ihn wieder zu sehen, davor hatte ich Angst bis mich eine Bekannte die öfter bei mir übernachtete, darauf angesprochen hat. Ihr ist aufgefallen, dass ich die Fenster nicht verdunkle. Ich erzählte ihr vom Spitzbart und dass ich davor Angst habe, ihn wieder zu sehen. Sie fragte: „Weshalb hast Du Angst vor ihm? Hat er dich bedroht?" Nein, überhaupt nicht, aber er war so hässlich und nicht alltäglich. Seither denke ich, wenn ich das Gefühl habe, er ist da, nur sehe ich ihn nicht: „Bitte lass Dich nicht sehen, denn du bist so hässlich, dass du mir Angst machst."

Vor Kurzem hatte ich einen Traum: Ich lag im Schlafzimmer meiner Kindheit und hörte ein Pferd auf der Straße trabben. Ich hörte es lange, so dass ich im Traum dachte, weil es Nacht ist höre ich es schon, seit es noch weit weg war.

Da stand auf einmal ein Mann bei der Tür. Er war jung, schön, groß gewachsen und kräftig. Er sah aus wie ein blonder Hüne. Er sah mich nur an und sprach kein Wort. Nach einer Weile hatte ich das Gefühl, dass er telepathisch zu mir sagte: „Jetzt tu doch schon was!" Ich schreckte auf und dachte: „Das ist kein Pferd, der Reiter ist ja hier." Ich war plötzlich hellwach und sprang aus dem Bett. Im Vorzimmer tropfte Wasser von der Decke, da in der Wohnung über meiner die Therme kaputt war. Die Tropfen hörten sich an, wie das Klappern der Pferdehufe.

Ich erzählte in meinem Bekanntenkreis, dass mich der Traum vor größerem Schaden bewahrt hat. Denn das

Wasser wäre vom Vorzimmer in die anderen Zimmer geflossen und hätte die Fußböden kaputt gemacht.

Erst einige Tage später kam ich auf die Idee, dass der Hüne in meinem Traum, der Spitzbart mit anderem Aussehen war. Nämlich das Gegenteil von damals. Er kam im Schlaf, damit ich ihn nicht sehen muss. Auch wenn er schön war, war es doch nicht alltäglich, dass er ohne eine Tür zu öffnen im Zimmer stand.

Gibt es Engel wirklich?

Viele Menschen sind der Meinung, Engel sind Geistwesen, welche die Aufgabe haben: „zu geleiten, beschützen, bewahren, zu führen."

Für mich sind Engel Begegnungen. Begegnung mit einem Menschen, der in diesem Moment den Auftrag Gottes erfüllt: „zu geleiten, beschützen, bewahren, zu führen." Manches Mal, darf ich ein Engel sein oder Sie. Lange Jahre hatte ich den Leitsatz: „Ich will keine Heilige sein, aber ich wäre so gern ein Engel."
Was für mich einen Engel von einem Menschen unterscheidet ist, dass die Beweggründe und Handlungen aus dem Unterbewusstsein (von Gott) kommen. Damit will ich aber nicht sagen, wenn jemand einen Angehörigen aus Pflichtbewusstsein begleitet, dass er nicht auch sein Engel sein kann. Ich glaube immer dann, wenn es das Pflichtgefühl ist, weshalb man die Aufgabe übernimmt, einen Angehörigen zu begleiten und zu pflegen, aber die tiefe Liebe den Ausschlag gibt, wie man begleitet oder pflegt. Vor einigen Monaten rief mich eine Frau an und fragte mich, was ich empfehlen kann, wie sie gemeinsam mit ihrer Schwester die schwerkranke Mutter bis zum Tod begleiten können. Wir hatten ein langes Gespräch. Zwei oder drei Tage danach rief ich diese Frau an und sprach ihr auf die Box. Ich sagte, dass ich nachfragen wollte, wie es ihrer Mutter ginge und dass ich glaube, Gott hat sie und ihre Schwester berufen, die Engel zu sein, die ihre Mutter bis zur Schwelle des Todes geleiten dürfen. Kurz danach rief sie mich zurück um mir zu sagen, ihre Mutter sei gestorben und sie erzählte mir, wie es ihr bei der Begleitung gegangen ist. Sie empfand das gleiche wie ich: „Sie war ein Engel" für ihre Mutter.

Am Tag der hl. Elisabeth, meiner Namenspatronin, schenkte mir meine Tochter ein Buch über Engelmärchen. Darin wird auf Märchen von den Brüdern

Grimm und einigen anderen Geschichten, in denen Engel oder gute Feen vorkommen, hingewiesen. Diese Gestalten waren in Wirklichkeit Menschen, die Gutes an anderen Menschen getan haben, woraus dann Märchen entstanden sind.

Eine Psychotherapeutin hat in einem Seminar das Märchenerzählen, wie ich es bei meinen Kindern machte, in Erinnerung gebracht, bzw. aufgezeigt. Sie vermittelte uns, wie wunderbar es sein kann, jemanden, der schon erwachsen ist, über dessen Leben in ein Märchen verpackt, zu erzählen. Sie machte uns auf wichtige positive und negative Ausdrucksweisen aufmerksam, und wie im Prinzip der Verlauf des Erzählens sein sollte, damit es eine Hilfe zur Heilung für den Zuhörenden sein kann.

In der Ausbildung für Auratechnik haben wir etwas Ähnliches gelernt, ich nenne es: „Begleitung in die Vergangenheit" oder „Hinführung zur Antwort". Dabei müssen nicht wir Begleiter erzählen, sondern der Klient tut das selber, wenn wir ihn in die Vergangenheit beziehungsweise zur Antwort begleiten. Er nimmt davon mit, was zu seiner Heilung dient.

Bei den Weihnachtsfeiern der Arbeitsgemeinschaft Haus des Friedens werden immer Weihnachtserlebnisse erzählt oder vorgelesen, das hat mich, als wir ein neues Jahrtausend begonnen haben, daran erinnert, welch eindrucksvolle Silvester ich in den letzten Jahren erlebt habe, bei denen ich das Gefühl hatte, ich durfte ein Engel sein.

Ich glaube, es war 1993 als mein Vater in einem Krankenhaus im Weinviertel lag. Nach der Jahresabschlussmesse in unserer Pfarre hatte ich eine Idee. Ich setzte mich ins Auto und fuhr in das Krankenhaus. Papa machte große Augen und meinte:

„Was macht ein junger Mensch am Silvester im Krankenhaus? Du solltest tanzen und dich unterhalten." Als ich an seinem Bett saß, hatte ich für eine Zeitlang das Gefühl ich sei unnötig, denn Papa unterhielt sich angeregt mit seinen Mitpatienten und beachtete mich überhaupt nicht. Heute weiß ich, dass mir damit eine Lehre erteilt wurde. Weil ich mich gar nicht wohl fühlte, wollte ich gleich wieder nach Hause fahren. Dann aber kam mir der Gedanke, dass bei einigen Seminaren ausdrücklich darauf hingewiesen wurde, ein Begleiter muss lernen aushalten zu können, „nur da zu sein". Also war mein nächster Gedanke, das muss ich durchstehen, er soll nur fühlen, dass ich da bin. Ich fühlte auf einmal, dass er innerlich stolz darauf war jemandem so wichtig zu sein, um am Silvesterabend bei ihm am Bett zu sitzen, ohne zu reden. Die Stunde, beziehungsweise drei Stunden mit der Fahrzeit, schenkte ich ihm gerne, weil ich sehen konnte, dass ich ihn damit glücklich machte.

Silvester 1994 feierte ich mit den buddhistischen Friedens-Mönchen bei der Pagode. Einen Tag vorher zogen die Fußpilger, die im August vom Konzentrationslager Auschwitz in Polen weggegangen sind, und im August 1995 in Hiroshima ankommen wollten, was sie auch tatsächlich schafften, in Wien ein. Gemeinsam feierten wir einen Abend des Friedens mit Menschen verschiedener Nationalitäten. Danach, um zirka zehn Uhr besuchte ich noch eine Bekannte, die in der Stadtnähe einen Sektpavillon besaß. Da sie mir eröffnete, um zwölf Uhr würden wir auf der Straße tanzen, ich aber mit keinen fremden Männern tanzen wollte, entfernte ich mich um dreiviertel zwölf unauffällig. Genau um Mitternacht fuhr ich den Donaukanal entlang und sah wunderbar das Feuerwerk vom Kahlen- und Leopoldsberg. Ich fuhr langsam und hatte gute Sicht. Weit vor mir fuhr noch ein Auto. Da sah ich, wie das Auto vor mir jemanden, der plötzlich über die Straße lief, streifte. Der Autofahrer blieb gleich stehen, ich auch. Ein Kind lag am Boden, am Kopf blutend. Einige Erwachsene liefen rufend und klagend, mit anderen Leuten, die bei den Fenstern herausschauten sprechend, herum. Ich verstand kein Wort, weil sie in einer fremden Sprache riefen. Drei, vier Männer und Frauen zwangen das Kind liegen zu bleiben und redeten unaufhaltsam und nervös auf das Kind ein. Das Kind weinte und wollte unbedingt aufstehen. Ich machte eine Bewegung, für die ich schon bei einigen Freunden bekannt bin, gäbe es noch Lembke, müsste ich diese Bewegung erraten lassen. Ein Freund meinte einmal, es ist ein Abschirmen und gleichzeitig ein Beschützen. Auch hier war es so, die Erwachsenen wichen zurück. Mit einer bewusst beruhigenden Stimme fragte ich den Kleinen, ob er mich verstehe. Er verstand mich, da konnte ich ihm mit einer verschmitzten Stimme erklären warum alle wollten, dass er liegen bleiben sollte. Ich zog meinen Mantel aus, breitete ihn unter den Kopf des Kindes, damit die Kälte des Asphaltes ein bisschen gedämpft wurde. Ich nahm seine Hand und unterhielt mich mit ihm. Inzwischen war auch der Fahrer des Unglückwagens da. Er entschuldigte sich, der Junge sei plötzlich auf die Fahrbahn gesprungen, was ich ja beobachtet hatte. Es dauerte eine Zeitlang bis die Rettung kam. Die Rettungsfahrer waren sicher, dass dem Buben nichts Schlimmes passiert sei, doch sie nahmen ihn mit ins Krankenhaus. Zu Hause angekommen verpackte ich den blutigen Mantel und die Lederhandschuhe, um sie nach den Feiertagen in die Putzerei zu bringen. Es tat wohl zu wissen, dem Jungen ist nichts Schlimmes passiert, obwohl der Mantel sowie die Handschuhe blutdurchtränkt waren.

Ein Jahr danach, also Silvester 1995 verbrachte ich auf einem Berg. Ich ging allein durch die wunderbare Winternacht und war dabei glücklich. Als ich mich auf eine Bank setzen wollte, weil ich müde war, fiel mir ein

Bergkamerad, der ungefähr fünf Jahre vorher hier erfroren war, ein. Also blieb ich stehen. Erfrieren wäre ja ein schöner Tod dachte ich, aber wenn Gott es wollte dass ich hier sterbe, hätte ich mich nicht an „die Bergziege", so nannten wir ihn, erinnert. Außerdem brauchen mich meine Töchter auch noch. Ich half im Berghotel in der Küche aus, weil die Wirtin alleine war. Sie empfing mich mit den Worten: „Du bist ein Engel." Die Nacht verbrachte ich in einem Zimmer mit einer Hündin und deren fünf Jungen. Fest presste ich den Mund zu, damit ich den fürchterlichen Gestank nicht so stark einatmen musste.

Meiner jüngeren Tochter versprach ich, sie „von oben" anzurufen. Sie hatte in der Wohnung eine Party veranstaltet. Ich hörte die Freude in ihrer Stimme als sie ihre Freunde aufforderte einen Moment ruhig zu sein. „Meine Mama ruft mich vom Berg an und ich verstehe sie nicht" rief sie.

Kurz vor Mitternacht traf ich noch zwei Bergkameraden, die ich fast zwanzig Jahre nicht gesehen hatte.

Ursprünglich wollte ich auf eine der kleinen Hütten. Nachdem aber die Hotelwirtin kurz vorher ihren Sohn auf tragische Weise verloren hatte, musste ich vorher zu ihr. Am Neujahrsmorgen erzählte sie mir lange und ausführlich über ihr Leben. Ich kenne sie seit meinem sechzehnten Lebensjahr. Damals eröffnete sie mit ihrem Mann das Hotel. Wir sahen uns nicht oft, waren uns aber herzlich zugetan. Mit meiner kleinen Tochter in der Tragetasche und bei einer Menge Schnee, hatte ich sie einmal besucht, weil sie das Baby sehen wollte. So oft wir uns seither sehen, spricht sie davon.

Durch unser Gespräch habe ich mir wieder vorgenommen, noch dankbarer für die Gesundheit meiner Kinder zu sein. Für die Wirtin habe ich das höchste Maß an Hochachtung.

Die Brüder Grimm würden daraus drei Märchen machen. Würden sie beginnen mit: „Es war einmal ein Engel"?

Du bist ein Engel

Im Jänner 2000 erzählte ich bei „Gibt es Engel wirklich?" dass ich an einem Silvesterabend auf die Hohe Wand fuhr und die Hotelwirtin besuchte. Da für diesen Tag/Abend die Küchenhilfe ausgefallen ist, bot ich mich als Hilfe an, da ich mit dem Gastgewerbe vertraut bin. Ihre Reaktion auf mein Angebot war, dass sie freudig sagte: „Du bist ein Engel." Sie sagte nicht: „Du bist ein Schatz." oder: „Du bist wunderbar." oder, oder, oder. Nein, ein Engel.

Dieses Erlebnis und einige andere in diese Richtung, waren der Anlass, Engel „mit anderen Augen" zu betrachten.

Sind Engel Menschen, die im richtigen Moment am richtigen Ort „erscheinen", um zu helfen?

Sind zu diesem Zeitpunkt Menschen die Botschafter Gottes? Haben sie den göttlichen Auftrag dieses oder jenes zu tun oder zu sagen?

Mir fielen einige Erlebnisse dazu ein, bei denen der Mensch, dem ich geholfen habe, denken könnte: „Wer war denn das? Da war doch jemand und ich sehe ihn nicht mehr, war das ein Schutzengel?" Das meine ich nicht überheblich, sondern als nüchterne Überlegung.

Dazu einige Beispiele:

Es war an einem Samstag, als ich die Wohnung putzte. Plötzlich hörte ich einen blechernen Krach von der Straße. Ich schaute beim Fenster hinaus und sah, dass an der Kreuzung ein Auto mit einem Motorrad kollidierte. Ein Mann lag in einer Benzinlache am Boden, aber es waren einige Leute dabei. Ich dachte, dass ich da nicht gebraucht werde. Nach einer Weile hatte ich das Gefühl nachsehen zu müssen. Als ich wieder beim Fenster hinaus sah, lag der Mann noch immer in der Lache und einige Meter entfernt standen im Kreis etwa 20 Personen tatenlos und schauten nur. Da wusste ich, dieser Mann in der Lache braucht mich. Ich hatte einen neuen, strahlend gelben Frottierhausanzug an, deshalb nahm ich ein Handtuch mit, auf das ich mich knien konnte. Als ich zur Unfallstelle kam, sah ich, dass in der Benzinlache ein Feuerzeug lag. Ich kickte es mit einem Fuß weg, da waren die Leute so was von empört. Sie riefen, ich müsse das Feuerzeug für den Lokalaugenschein liegen lassen. Mir stellte es alle Haare auf bei dieser Aussage, aber sagte nur gelassen: "Wollt ihr warten bis jemand darauf tritt und das Benzin sich entzündet?" Niemand sagte darauf ein Wort. Ich breitete mein Handtuch neben dem Verletzten auf und kniete mich drauf. Ich fragte den Mann, ob er mich verstehen kann, denn er hatte noch den Motorradhelm auf. Er bejahte. Dann fragte ich ihn, ob ich etwas für ihn tun kann. Seine größte Sorge war es, dass er die Beine verlieren würde, denn er spürte sie nicht mehr. Ich sprach langsam mit ihm, weil ich weiß, dass man in so einer Situation nicht so schnell denken kann wie im normalen Zustand. Ich forderte ihn erst auf, die Zehen seines rechten Beines zu bewegen und dann des linken Beines. Da er die Zehen jeden Beines bewegen konnte, konnte ich ihn damit trösten, dass diese Gefahr nicht besteht. Er war sichtlich erleichtert. Dann sah ich, dass er immer unter das Bein, das am Asphalt auflag griff, darum fragte ich ihn, weshalb er das macht. Er meinte: „Ich habe den Wohnungsschlüssel in dieser Hosentasche und der drückt mich sehr." Daraufhin zog ich ihm den Schlüsselbund aus der Hosentasche, nahm seine Hand und erklärte ihm dabei, dass ich den Schlüsselbund auf seinen Mittelfinger stecke und die Hand schließe. Er solle darauf achten, dass er ihn nicht verliert. Dann wollte er, dass ich seine Frau anrufe, da kam aber bereits die Rettung. Ich erklärte ihm noch schnell, dass die Rettungsleute seine Frau anrufen werden und am Abend komme ich in das

Unfallkrankenhaus nach ihm zu sehen. Das habe ich dann auch gemacht, obwohl ich müde war.

Als ich in das Zimmer dieses Mannes kam, saß seine Frau an seiner Seite. Ich stellte mich nur kurz vor, dass ich die Frau an der Unfallstelle war. Da seine Frau bei ihm war; wollte ich wieder gehen. Das wollten die beiden aber nicht, der Mann erzählte, dass er einen Milzriss habe und im Krankenhaus bleiben müsse. Sie bedankten sich beide bei mir und ich fuhr wieder nach Hause.

Wenn ich mir nun die Situation beim Unfall vorstelle und ich nicht auch noch ins Krankenhaus gekommen wäre, wo seine Frau dabei war, hätte er da nicht denken können: „Wer war denn das? Lautlos war sie auf einmal da und dann als ich sie nicht mehr brauchte, war sie verschwunden." Ich blieb nämlich nicht wie die Neugierigen stehen, sondern ging gleich nach Hause. Außerdem hatte ich noch einen gelben leuchtenden Anzug an.

Als meine erste Tochter noch ein Baby war, habe ich das Gastlokal, welches ich seit einiger Zeit vor der Geburt meiner Tochter betrieben habe, aufgegeben. Da ich eine Eigentumswohnung kaufen wollte, konnte ich nicht ohne Arbeit bleiben und musste entsprechend verdienen, daher habe ich nachts mit meinem VW-Bus Zeitungen ausgeführt. Große Mengen, die ich in Schrick und Poysdorf auslud. Von da wurden sie von den Kolporteuren zu den Trafiken in den Orten gebracht. Um dreiundzwanzig Uhr fünfundvierzig fuhr ich von zu Hause weg und um ca. fünf Uhr früh kam ich wieder nach Hause, wenn sich nicht etwas Besonderes ereignete. Dadurch konnte ich Geld verdienen und trotzdem tagsüber bei meiner Tochter zu Hause sein.

Täglich betete ich zu Gott, er möge mich nicht als erste an der Unfallstelle sein, wenn es Tote dabei gibt. Gott hat meine Gebete erhört, denn ich war oft die erste und einzige Person an der Unfallstelle, da ich zu einer Zeit fuhr, wo wenige Autos unterwegs waren. Nur einmal konnte ich eine Schneewehe fast nicht mehr durchfahren. In der Zeitung las ich dann, dass eine halbe Stunde später ein Ehepaar bei dieser Schneewehe ums Leben gekommen ist.

Einmal kam ich zu einem Unfall von zwei jungen Burschen. Einer von ihnen hatte sich das Auto seines Bruders unerlaubt ausgeborgt und dann den Unfall gebaut. Das erzählte mir sein Freund, der mit ihm gefahren ist und den ich bei der Unfallstelle angetroffen habe. Als ich fragte, wo der Fahrer sei, meinte er: „Auf dem Kirschbaum da drüben." Ich holte erst den Burschen vom Kirschbaum, brachte die beiden zum Autobesitzer und sprach mit dem auf die Weise, dass er weniger böse und mehr dankbar sein solle, weil nur das Auto beschädigt sei, aber den Burschen nichts passiert ist. Der hat das auch so von mir angenommen, zumindest so lange wie ich dabei war. Er hatte sicher keine Freude, das Auto reparieren zu lassen.

Ein anderes Mal war ein Jäger mit dem Auto im Wald stecken geblieben. Ich sah den Scheinwerfer seines Autos und zog ihn mit meinem Auto aus dem Wald heraus.

Ein älterer Mann kam mit seinem Lastwagen bei Glatteis nicht weiter, aber konnte sich die Schneeketten nicht montieren, also habe ich sie für ihn montiert.
Wieder ein anderes Mal war ein Mann mit dem neu gekauften Auto eine Böschung hinunter gerutscht.

Ich könnte jetzt einige Seiten über meine Hilfsaktionen schreiben.

Mein Vater bewunderte mich deswegen manchmal. Er meinte einmal: „Das würde deine Schwester nie machen." Das war ein großes Kompliment für mich. Aber was ich auch öfter spürte, war die Angst die er um mich hatte, weil ich dadurch ja oft selber in Gefahr war.

Bei einigen Gelegenheiten in dieser Zeit könnte ich mir vorstellen, dass jemand dachte: „Da hatte ich einen Schutzengel." Durfte ich in diesen Situationen der „Schutzengel" sein? Sind Menschen Engel bzw. Schutzengel?

Mich rufen manchmal Frauen an, um mich zu fragen, wie sie mit ihren sterbenden Angehörigen „umgehen" sollen. Im Gespräch mache ich sie darauf aufmerksam, dass sie „der Engel" sind, der den Angehörigen bis zur Schwelle des Todes begleiten darf.
In einem Lied heißt es: „Tausend Engel mögen dich begleiten."

Vor einigen Tagen fiel mir ein Billet in die Hand, das mir vor zwei oder drei Jahren eine Frau schickte, mit der ich einige Trauergespräche führte. Auf dem Billet stand: „Du warst da, als ich dich am nötigsten brauchte." und die Unterschrift. Da diese Frau noch zu verschiedenen Gruppentreffen und Vorträgen bzw. Workshops kommt, konnte ich ihr beim letzten Treffen dieses Billet zeigen. Sie meinte daraufhin: „Ilse, das ist immer noch so."

Darf ich manchmal ein Schutzengel für sie sein? Oder bin ich einfach „nur" eine hilfsbereite Frau, mit „Einfühlungsvermögen"?

Heinzelmännchen und Zwerge

Zurückkommend zum Spitzbart - ein Vergleich mit Gestalten aus der Märchen oder Anderswelt.

Die Heinzelmännchen machten sich unsichtbar und kamen nicht mehr, nachdem sie durch das Schlüsselloch beobachtet wurden.

Auch sie werden mit Zipfelmützen und kleinwüchsig wie Zwerge beschrieben.

Der Spitzbart ist auch mit einem Zwerg aus dem Märchen: „Schneewittchen und die sieben Zwerge" vergleichbar. Es gibt noch viele Märchen, in denen Zwerge vorkommen.

Im Alltag waren Zwerge kleinwüchsige Menschen, die man zum Bergbau eingesetzt hatte, weil dadurch die Stollen nicht so hoch ausgeschlagen werden mussten, wie für Männer mit normaler Körpergröße.

Was uns Märchen erzählen

Ohne es erneut zu lesen, kennen wir das Märchen von Hänsel und Gretel, aufgeschrieben von den Gebrüdern Grimm. Von mir mit anderen Augen gesehen, bzw. die wahrscheinlichen Hintergründe dieses Märchens betrachtend.

Ein armes Bäckerehepaar bringt ihre beiden Kinder, Hänsel und Gretel in den Wald und lässt die beiden dort zurück. Wahrscheinlich in der Nähe des Knusperhäuschens. Da wohnt eine gutmütige alte Frau, zurückgezogen im Wald in einem Häuschen mit Backofen. Wozu brauchte sie einen Backofen? Na, um den Lebkuchen oder Honigkuchen zu backen. Niemandem wollte sie ihr Rezept verraten, denn es war ja ihre Einnahmequelle von der sie leben musste. Ich bezeichne die Frau als gutmütig, da sie den ausgehungerten, von den Eltern verlassenen Kindern reichlich zu essen gab. Hänsel hat sie sogar aufgepäppelt/aufgefuttert, damit er groß und stark wird und vielleicht ihre Nachfolge antritt.

Die Kinder haben aber diese alte, gutmütige Frau betrogen und belogen. Sie wurden von den Eltern nicht verlassen, sondern sie hatten den Auftrag, der Frau die verschiedenen Lebkuchenrezepte zu stehlen, die sie gut in ihrer Bäckerei verwenden könnten und damit reich werden würden.

Am Schluss haben sie die gutmütige Frau auch noch ermordet.

Im Märchen steht, nachdem sie die alte Frau getötet hatten: *„Und weil sie sich nicht mehr zu fürchten brauchten, so gingen sie in das Haus hinein, da standen in allen Ecken Kästchen mit Perlen und Edelsteinen."*
Entweder waren es so viele fertige Lebkuchen oder verschiedene Rezepte.

So wie bei „Hänsel und Gretel" ist in jedem Märchen ein Teil Wirklichkeit versteckt.

Oft wird im Märchen gezeigt, dass sich Bescheidenheit und Demut lohnt. Wie z.B. bei Rapunzel, Schneewittchen und in noch vielen anderen Märchen.

Im Märchen „Aschenputtel" heißt es, dass ihre verstorbene Mutter schöne Kleider und Schuhe bereithielt. War das wirklich die Tote oder war es ein Engel?

Genauso wird Habsucht und Gier bestraft wie beim „Tischlein deck dich" usw.

Bei Rotkäppchen glaube ich, dass der Mord einer Großmutter erzählt werden soll, sowie die Vergewaltigung des Rotkäppchens.

In den meisten Märchen wird allerdings die Liebe gelehrt.

Gibt es Gerechtigkeit? Diese Frage beschäftigte mich schon lange Zeit, bevor sie mir eine Frau stellte, deren Sohn mit 27 Jahren plötzlich verstorben ist.

Ich möchte ihnen mit Hilfe eines Märchens einen Gedankenanstoß geben und meine Meinung darstellen: „Es gibt Gerechtigkeit!"

Frau Holle
von den Brüdern Grimm

Eine Witwe hatte zwei Töchter, davon war die eine schön und fleißig, die andere hässlich und faul. Sie hatte aber die hässliche und faule viel lieber, weil sie ihre eigene Tochter war, und die andere musste alle Arbeit tun und die Dienstmagd im Hause sein. Das arme Mädchen musste sich täglich auf die Straße zu einem Brunnen setzen und so viel spinnen, dass ihm das Blut aus den Fingern sprang.

Ist es nicht im Leben auch so, dass einer ein härteres Leben hat, wie andere? Wir fühlen uns dabei von Gott verlassen oder ungeliebt.
Wie wir am Ende des Märchens sehen können, wird gerade unsere Last im Leben, zu unserem Heil.

Nun geschah es einmal, dass die Spule ganz blutig war, deshalb bückte es sich damit in den Brunnen und wollte sie abwaschen. Da sprang ihm die Spule aber aus der Hand und fiel in den Brunnen hinab. Weinend lief das Mädchen zur Stiefmutter und erzählte ihr das Unglück. Diese schalt es aber so heftig und war so unbarmherzig, dass sie sprach: „Hast du die Spule hinunterfallen lassen, so hol sie auch wieder herauf!"

Wir mühen uns oft und bemühen uns, um ein angenehmes, gesichertes Leben führen zu können. Um anerkannt und geliebt zu werden, statt dessen

kommt ein Niederschlag nach dem anderen. Unvorhersehbar und oft unberechenbar, aber auch unabwendbar.
In solcher Situation werden wir oft noch dazu von der Familie im Stich gelassen, oder was noch schlimmer ist, gedemütigt.

Da ging das Mädchen zu dem Brunnen zurück und wusste nicht, was es anfangen sollte. In seiner Herzensangst sprang es in den Brunnen, um die Spule zu holen. Es verlor die Besinnung.

Solche Erlebnisse sind sehr oft Auslöser für tiefe Depressionen oder Panikattacken und Angstzustände. Wir fallen (manche springen) in das schwarze Loch, in den tiefen Brunnen. Wer das schon einmal erlebt hat, weiß, es ist ein Zustand von Bewusst-los-igkeit, man verliert die Besinnung. Man ist nicht fähig Termine einzuhalten, weil man nicht fähig ist, die Kraft aufzubringen um das schützende Haus oder die Wohnung zu verlassen. Die Sichtweite reicht nur eine Handbreit vor das Gesicht.

…und als es erwachte und wieder zu sich selbst kam, war es auf einer schönen Wiese, wo die Sonne schien und viel tausend Blumen standen. Auf dieser Wiese ging das Mädchen weiter und kam zu einem Backofen, der war voller Brot; das Brot aber rief: „Ach, zieh mich `raus, sonst verbrenn` ich; ich bin schon längst ausgebacken." Da trat es hinzu und holte mit dem Brotschieber alle Laibe nacheinander heraus.

Wenn man aber wieder aus diesem Zustand heraus kommt, kann uns das schon vorkommen wie das Erwachen auf einer Wiese, wo die Sonne scheint und viele bunte Blumen sind. Auferstehung oder emporsteigen wie eine Friedenstaube, nenne ich es oft. Erstens, weil ich es so empfunden habe und

zweitens, weil Menschen welche das Tief erlebt haben, nach ihrem Erwachen eine andere Wertschätzung haben. Ihre Werte haben sich auf das Wesentliche im Leben verschoben. Die vielen bunten Blumen, stellen sich mir als die vielfältige Liebe um uns herum dar. Wir werden hellhörig und erkennen eher den Hilferuf von unseren Mitmenschen. Beziehungsweise, wir nehmen ihn ernst und helfen wo wir können.
Ich glaube aber, auch Menschen, welche nicht in „das schwarze Loch" gefallen sind, werden, wenn sie dem Ruf der Brote nachkommen, das gleiche Schicksal wie das der Goldmarie erwarten können.

Danach ging es weiter und kam zu einem Baum, der hing voll Äpfel und rief ihm zu: „Ach, schüttel mich, schüttel mich, wir Äpfel sind alle miteinander reif." Da schüttelte es den Baum, dass die Äpfel fielen, als regnete es und schüttelte, bis keiner mehr oben war; und als es alle auf einen Haufen zusammengelegt hatte, ging es wieder weiter.

Der Baum ruft doch: „Hilf so viel du kannst!" Es gibt so viele Menschen wie es Äpfel gibt, welche unserer Hilfe, unserer Begleitung, eines liebevollen Wortes, Hilfe und Beistand von uns bedürfen.

War die Goldmarie ein Engel? Oder „nur" ein gutmütiges, hilfsbereites Mädchen?

Endlich kam es zu einem kleinen Haus, daraus guckte eine alte Frau; weil sie aber so große Zähne hatte, wurde dem Mädchen angst, und es wollte fortlaufen. Die alte Frau aber rief ihm nach: „Was fürchtest du dich, liebes Kind? Bleib bei mir; wenn du alle Arbeit im Haus ordentlich tust, so soll dir`s gut gehen. Du musst nur achtgeben, dass du mein Bett gut machst und es fleißig aufschüttelst, dass die Federn fliegen, dann schneit es in der Welt; ich bin die Frau Holle.

Schon im Alten Testament können wir lesen, dass sich jede Prophetin und jeder Prophet wehrt, wenn er seine Berufung wahr-nimmt. „Warum gerade ich? Ich kann das nicht, ich schaff das nicht, ich habe Angst davor."

Weil die Alte ihr so gut zuredete, fasste sich das Mädchen ein Herz, willigte ein und begab sich in ihren Dienst. Es besorgte auch alles nach ihrer Zufriedenheit und schüttelte ihr das Bett immer fest auf, dass die Federn wie Schneeflocken umherflogen; dafür hatte es auch ein gutes Leben bei ihr, kein böses Wort, und alle Tage Gesottenes und Gebratenes.

Von mir selber kann ich sagen, wenn ich vor etwas Angst habe, wo ich das Gefühl verspüre, es ist Gottes Wille, dass ich dieses oder jenes mache, überwinde ich meine Ängste und mein Unbehagen immer wieder und folge Gottes Ruf. Danach geht es mir gut. Oft sehe ich auch gleich den Erfolg und freue mich von ganzem Herzen darüber. Es tut genauso gut wie Gesottenes oder Gebratenes.

Als das Mädchen eine Zeitlang bei der Frau Holle war, wurde es traurig und wusste anfangs selbst nicht, was ihm fehlte. Endlich merkte es, dass es Heimweh hatte; obgleich es ihm hier vieltausendmal besser ging als zu Hause, so hatte es doch ein Verlangen dahin.

Hier möchte ich das Sterben meines Vaters anführen. Er hatte bis einige Jahre vor seinem Tod, entsetzliche Angst davor. Doch bei einem Gespräch ca. 5 Jahre vorher, sagte er mir, dass er keine Angst mehr vom Tod hat. Trotzdem lebte er sehr gerne und wollte nicht sterben. Im Gegensatz zu mir. Ich freue

mich auf den Tod. Das Leben ist mir eine schwere Last.

Ein Jahr vor seinem Tod aber, nahm er Abschied vom Leben. Ich fühlte in diesem Jahr: „Papa bereitet sein Bett zum Sterben. Er will nach Hause."

Endlich sagte es zur Alten: „Mich hat das Heimweh gepackt, und wenn es mir auch noch so gut hier unten geht, so kann ich doch nicht länger bleiben; ich muss wieder hinauf zu den Meinigen."

Ich glaube, es gibt kaum einen Menschen, welcher nicht Sehnsucht nach dem Eins werden hat. Wir suchen es im Partner, in dem wir es auch teilweise finden können. Doch es ist Sehnsucht nach dem Paradies, von dem wir herkommen, nach dem Eins werden mit Gott. „Sehnsucht nach Hause" nannte es Dr. Elisabeth Kübler-Ross.

Die Frau Holle sagte: „Es gefällt mir, dass du wieder nach Hause willst, und weil du so treu gedient hast, so will ich dich selbst wieder hinauf bringen." Sie nahm es darauf bei der Hand und führte es bis vor ein großes Tor. Das Tor tat sich auf, und wie das Mädchen gerade darunter stand, fiel ein gewaltiger Goldregen, und alles Gold blieb an ihm hängen, so dass es über und über davon bedeckt war.

Das ist wohl die schönste Stelle dieses Märchens. Für mich der Höhepunkt im Leben. Der Tod ist die Krone des Lebens!

„Das sollst du haben, weil du so fleißig gewesen bist", sprach die Frau Holle und gab ihm auch die Spule wieder, die ihm in den Brunnen gefallen war.
Das ist Gerechtigkeit!!!!

Darauf wurde das Tor verschlossen, und das Mädchen befand sich oben auf der Welt, nicht weit von seiner Mutter Haus; und als es in den Hof kam, saß der Hahn auf dem Brunnen und rief: „Kikeriki, unsere goldene Jungfrau ist wieder hie!"

Wenn sie das Märchen zu Ende lesen, werden sie noch einmal die Gerechtigkeit erfahren. Da aber an einem Menschen, welcher nicht das Ziel: „Gutes zu tun" hatte.

Da ging das Mädchen hinein zu seiner Mutter, und weil es so mit Gold bedeckt kam, wurde es von ihr und der Schwester gut aufgenommen. Das Mädchen erzählte alles was es erlebt hatte und als die Mutter hörte, wie es zu dem großen Reichtum gekommen war, wollte sie der andern hässlichen und faulen Tochter gerne dasselbe Glück verschaffen. Sie musste sich an den Brunnen setzen und spinnen; und damit die Spule blutig wurde, stach sie sich in die Finger und stieß sich die Hand in die Dornenhecke. Dann warf sie die Spule in den Brunnen und sprang selber hinein. Sie kam wie die andere, auf die schöne Wiese und ging auf demselben Pfad weiter. Als sie zu dem Backofen gelangte, schrie das Brot wieder: „Ach, zieh mich `raus, sonst verbrenn` ich; ich bin schon längst ausgebacken." Die Faule antwortete: „Hab keine Lust, mich schmutzig zu machen!" und ging fort. Bald kam der Apfelbaum, der rief: „Ach, schüttel mich, schüttel mich, wir Äpfel sind alle miteinander reif." Sie antwortete aber: „Du kommst mir recht, es könnte mir einer auf den Kopf fallen!" und ging dann weiter. Als sie vor der Frau Holle Haus kam, fürchtete sie sich nicht, weil sie von ihren großen Zähnen schon gehört hatte und verdingte sich gleich bei ihr.
Am ersten Tag war sie fleißig und folgte der Frau Holle, wenn sie ihr etwas sagte, denn sie dachte an das viele Gold, das sie ihr schenken würde. Am zweiten Tag aber fing sie schon an zu faulenzen, am dritten noch mehr;

schließlich wollte sie morgens gar nicht mehr aufstehen. Sie machte auch der Frau Holle das Bett nicht, wie sich's gebührte und schüttelte es nicht, dass die Federn aufflogen. Da hatte die Frau Holle bald genug von ihr und kündigte ihr den Dienst auf. Die Faule war damit zufrieden und meinte, nun würde der Goldregen kommen. Die Frau Holle führte sie auch zu dem Tor. Als das faule Mädchen aber darunter stand, wurde statt des Goldes ein großer Kessel voll Pech ausgeschüttet.
„Das ist die Belohnung deiner Dienste", sagte die Frau Holle und schloss das Tor zu. Da kam die Faule heim, aber sie war ganz mit Pech bedeckt und der Hahn auf dem Brunnen rief, als er sie sah: „Kikeriki, unsere schmutzige Jungfrau ist wieder hie!" Das Pech aber blieb fest an ihr hängen und wollte, solange sie lebte, nicht abgehen.

Wer ist Frau Holle? Gott oder unser Schutzengel? Unser Gewissen? Oder jemand der begleitet? Ein Angehöriger, ein Freund, oder „der Nächste"?

Im Tod vereint

Nach dem Tod meines Vaters war ich jede Woche bei meiner Mutter in Niederösterreich und habe manchmal auch bei ihr geschlafen, weil sie das so wollte. In dieser Zeit war sie liebevoll und warmherzig. Auf dem Tisch hatte sie ein großes Foto meines Vaters und eine Kerze stehen. Dann kam der Gottesdienst zum Gedenken an den ersten Todestag meines Vaters. Es war für diesen Tag schon jemand im Messkalender eingetragen und zwar für den Neffen meiner Mutter, mit dem sie in Zwietracht lebte.

Voll Entsetzen beschwerte sie sich, dass sie unter keinen Umständen den Gedächtnisgottesdienst für meinen Vater gemeinsam mit ihrem „verfeindeten" Neffen haben will. Für mich aber war das eine wunderbare Botschaft, ein Geschenk Gottes. Die Botschaft, dass die beiden in der Ewigkeit vereint sind. Sie sind beide in der Herrlichkeit Gottes, für sie gibt es keinen Unfrieden mehr. Wir Hinterbliebenen sollten das wahr-nehmen. Ich gehe sogar so weit, dass sich dadurch die beiden Frauen versöhnen sollten.
Da meine Schwester der gleichen Ansicht wie meine Mutter war, fragte ich Gott bei der Morgenmeditation, ob ich mich meiner Mutter und meiner Schwester gegenüber anders verhalten muss. Was ich an mir ändern soll. Als Antwort bekam ich von meinem Vater (dem himmlischen oder dem verstorbenen?): „Geh in dein Arbeitszimmer, am kleinen Tischchen neben der Tür liegt die Antwort." Als ich in meinem Arbeitszimmer ankam, staunte ich sehr. Auf dem kleinen Tisch in meinem Arbeitszimmer lag ein Bleistift auf dem in grüner Schrift stand: „ENGEL". Mir war das vorher nie aufgefallen. Sie können sich sicher vorstellen, wie tief berührt ich war. Nun kannte ich die Antwort. Ich erzählte manchmal von dem Bleistift und zeigte ihn auch her, weil es für mich ein Wunder war. Nach einiger Zeit war der

Bleistift verschwunden und unauffindbar. Er sollte halt nur als Antwort dienen, vielleicht tut er das jetzt bei jemand anderem.

Die Frau des Neffen meiner Mutter wusste von der Auseinandersetzung zwischen meiner Mutter, meiner Schwester und mir nichts, aber sie hatte mich kurze Zeit danach von sich aus sehr liebevoll angesprochen und gesagt: „Ilse, dass du was Besonderes bist, habe ich schon lange gemerkt."

Die Liebenswürdigkeit meiner Mutter war seit dem Trauerjahr wieder vorbei und das Bild meines Vaters hatte sie vom Tisch entfernt.

Durch die Hilfe eines Therapeuten der mir sagte: „Ihre Mutter hat sie ein Leben lang missbraucht", habe ich meine Sichtweise verändert. Ich sage nicht "sie missbrauchte mich", sondern: „Aus Liebe habe ich zugelassen, dass sie mich missbrauchen konnte."

Als sie mich z.B. nach dem Therapeuten einmal angerufen hatte und mit einem Vorwurf in der Stimme fragte: „Na, bist du nicht neugierig, wie es deiner alten Mutter geht?" gab ich gelassen zur Antwort: „Bist du nicht neugierig, wie es deiner Tochter geht?" Da veränderte sie plötzlich ihren Ton. Ich möchte dazu erklären, dass ich eine Woche vor dem Anruf bei ihr war. Ihr ging es wunderbar, sie war viel gesünder als ich. Und – zwei meiner Geschwister, sowie einige Nichten und Neffen leben im selben Ort, teilweise nur einige Kilometer entfernt.
Heute weiß ich auch, dass meine Kraftlosigkeit nach der Auseinandersetzung mit meiner Mutter aufgetreten ist und über zwei Jahre lang angehalten hat.

Ich fühlte damals Zorn in mir und konnte ihn nicht loslassen. Mir ging es darum: „Wie heile ich mich, ohne meine Mutter zu verletzen. Sie könnte ja sterben und ich könnte die Verletzung nicht mehr gut machen. Dann ergeht es mir wieder wie es mir siebzehn Jahre lang nach dem tödlichen Absturz meines Kletterpartners ergangen ist. Das will ich nie mehr erleben."

Da kam ich auf folgende Idee. Eines Abends stellte ich mir vor, ich würde mit meinen Töchtern so umgehen, wie meine Mutter mein Leben lang mit mir umgegangen ist. Es war fürchterlich. Ich war eine vielfache Verbrecherin. Ich gab mir Namen, die ich für meine Mutter nie in den Mund genommen hätte. Ich war ein Dämon, weit weg vom göttlichen Pfad. Es war, als würde ein Vulkan ausbrechen. Die Verletzungen, die meine Mutter mir ein Leben lang angetan hatte und die jahrelang in mir verschlossen waren, kamen wie ein Vulkan zum Ausbruch. Ich konnte die ganze Nacht nicht schlafen.

Nun, was hatte sie mir angetan? Seit meinem zwölften Lebensjahr musste ich viel Unangenehmes für sie tun oder ihr abnehmen. Dazu sagte sie immer: „Ilse tu es für mich." Ich musste sogar einen Mann heiraten, den ich nicht liebte, nur um durch ihn immer für sie da sein zu können. Als ich einige Jahre vor dem Tod meines Vaters enterbt wurde, fragte meine jüngere Tochter meine Mutter: „Weshalb wird meine Mutter enterbt?" worauf ihr meine Mutter eine für mich sehr verletzende Antwort gegeben hat. Anstatt, dass ich meiner Mutter daraufhin meine Meinung gesagt hätte, sagte ich nur: „Das Beste, das ihr machen konntet war mich zu enterben, jetzt seht ihr, dass ich alles was ich für euch tue, aus Liebe zu euch mache." Ich muss noch hinzufügen, dass meine Eltern und nach dem Tod meines Vaters meine Mutter, meiner Schwägerin monatlich das Pflegegeld auszahlten, obwohl meine Mutter bis zwei Monate vor ihrem Tod den Haushalt selber geführt hat. Wäsche aufhängen, bügeln und staubsaugen musste ich, weil ihr das zu anstrengend war.

Als mich meine Mutter telefonisch zu sehr bedrängte, schrieb ich ihr einen Brief mit der Bitte, mich nicht anzurufen bis ich mich melde. Man möchte es nicht glauben, es war das erste Mal in meinem Leben, dass sie sich wirklich an meine Bitte gehalten hatte und wartete bis ich von alleine zu ihr kam. Es könnte sein, dass sie den Brief mit meiner Schwägerin oder mit meiner Schwester besprochen hatte und die haben ihr aufgetragen, auf mich zu warten.

Ich habe sehr viel um die Unterstützung Gottes gebetet, um meiner Mutter verzeihen zu können und führte Rituale durch. Ich habe z.B. einen sehr großen Gummibaum mit weißen Bändern behängt. Es sollte ein Zeichen des Friedens und der Versöhnung für mich sein. Als Vergleich des verlorenen Sohnes, der vom Vater liebevoll empfangen wurde. Kurze Zeit danach hatte ich das Gefühl, dass ich soweit bin, um meine Mutter wieder liebevoll in meine Arme nehmen zu können. Daraufhin habe ich sie besucht.

Beim letzten Besuch bei ihr dachte ich beim Verabschieden: „Es wird das letzte Mal sein, dass wir uns voneinander trennen." Daher habe ich mich bei der Tür noch einmal umgedreht, sah ihren Blick der mir sagte, dass es so sein wird und bin noch einmal zu ihr zurückgegangen um sie in die Arme zu nehmen. Es war wirklich das letzte Mal.

JENSEITSBOTSCHAFTEN

Botschaften aus dem Jenseits
Als Trauerbegleiterin erzählen mir die Trauernden von Erlebnissen, die sie mit oder durch Verstorbene hatten und sagen vorher schon: „Das habe ich bisher noch nie jemandem erzählt, sonst bringt man mich in die Klappsmühle."
Nie würde ich dazu sagen das glaube ich nicht, nur weil ich es nicht erlebt habe. Es gibt so Vieles zwischen Himmel und Erde, das wir nicht „be-greifen" können. Ich wäre fehl am Platz, würde ich da Zweifel äußern. Außerdem habe ich dabei keine Zweifel, denn was jemand sieht, hört oder erlebt, sind Tatsachen, sind Wahrheit und die nehme ich ernst. Genau wie es mir gut getan hat, als mich der Friedensfreund mit dem Spitzbart ernst genommen hat. Und ich weiß, dass ich den mit meinen Augen gesehen habe. Um so etwas in meinem jetzigen Alter zu erzählen oder zu schreiben, würde mir nichts bringen oder geben, wenn es nicht die Wahrheit wäre.

Eine junge Frau erzählte mir während eines Trauergespräches, als ihr Vater noch lebte, diskutierten sie öfter, ob es ein „Danach" gäbe oder nicht. Dann ist ihr Vater gestorben und kurze Zeit danach klopfte es an der Wohnungstür dieser jungen Frau. Sie öffnete die Tür, doch es war niemand da. So ging das tagelang jeden Abend. Bis der jungen Frau bewusst wurde, dass das die Botschaft ihres Vaters sein könnte. Sie sagte laut: „Papa, ich habe dich schon verstanden. Du willst mir damit zeigen, dass es ein Danach gibt." Von da an war es ruhig.

Eine andere Frau erzählte, dass seit dem Tod ihres Mannes die Waschmaschine an besonderen Tagen auffällig ist. Zu ihrem oder seinem Geburtstag, zum Todestag, Weihnachten usw. Immer nur bei

„Feinwäsche". Die Frau erzählte ihrer Freundin davon und die meinte: „Das ist nicht dein Mann, sondern ein Kurzschluss bei der Waschmaschine." Sie kann schon recht haben, aber warum tritt dieser Kurzschluss immer an besonderen Tagen auf? Und nur bei „Feinwäsche"? Doch eine Botschaft?

Wieder von einer anderen Frau deren Sohn an plötzlichem Herzversagen mit einundzwanzig Jahren starb.
Der Sohn warf die Zierpolster im Raum herum. Anfangs konnte sie sich das nicht erklären, doch dann war ihr klar, ihr Sohn will ihr Zeichen geben. Als ihr das bewusst war, war der Spuk mit den Polstern vorbei. Dazu fallen mir wieder die Heinzelmännchen ein.

Noch eine andere Frau, deren Mann plötzlich verstorben war erzählte, dass ihr Mann immer von „seinem Geld" sprach, nie von „unserem" oder ihrem Geld. Als sie von ihren Eltern erbte, lebte ihr Mann noch. Sie kaufte ohne ihn „um Erlaubnis" zu fragen ein Häuschen an einem See und ließ es auf ihren Namen und nicht auf seinen Namen, wie es bei ihm bis dahin üblich war, in das Grundbuch eintragen. Obwohl es immer schon sein Wunsch war, ein Häuschen an einem See zu haben, war er gekränkt, weil sie es, ohne ihn zu fragen, kaufte und ihn auch nicht ins Grundbuch eintragen ließ. Sie wollte ihm damit zeigen, dass es ihr Geld war und nicht seines und dass sie sich so damit verhalten hat, wie er es mit ihrem gemeinsamen Geld immer gemacht hat. Nach seinem Tod hatte sie aber ein schlechtes Gewissen, dass sie schlimm an ihm gehandelt hätte. Bei einer schamanischen Reise stellte sich heraus, dass sie „seine Krone" gestutzt hat, aber ansonsten ging es ihm gut damit.

In Liebe eingehüllt

Ein Jahr vor dem Tod meines Vaters, sagte er zu meiner jüngeren Tochter, die seine Herzensvertraute war, dass er in einem Jahr sterben würde, obwohl er zu dieser Zeit nicht krank war. Es war auch so. Er ist fast am Tag genau nach einem Jahr gestorben.

Es war ein Jahr der Versöhnung und des Abschiednehmens zwischen meinem Vater und mir. Er hat sich für vieles entschuldigt, obwohl entschuldigen vorher ein Fremdwort für ihn war. Es war ein besonders liebevolles Jahr zwischen uns beiden.

Am Morgen nach seinem Tod hatte ich plötzlich ein sonderbares Gefühl. Als wäre ich in Watte eingepackt. Ich war so erschrocken darüber, dass ich aus dem Bad lief. Als ich mich beruhigt hatte, dachte ich: „Das war Papa, er verabschiedet sich von mir und will mir sagen, dass es ein Jenseits gibt."

Anschließend hatte ich den Drang, eine Porzellanfigur zu kaufen. Zu diesem Zeitpunkt war mir nicht klar, weshalb. Ich dachte, vielleicht will ich ein Andenken zum Tod meines Vaters. Da mir seit meinem achtzehnten Lebensjahr die Hummelfiguren gut gefallen, aber ich mir nie eine gekauft habe, wollte ich eine kaufen, doch ich spürte, dass keine davon die entsprechende war. Dann sah ich sie - und wunderte mich, weil diese Figur von Giuseppe Armani mir bisher nicht gefallen hat. Doch ich spürte, die muss es sein und kaufte sie.

Diese Figur stellt ein kleines Mädchen dar, mit einer Figur und Beinen wie ich sie als Kind hatte. Es schmiegt ein Küken an ihre Wange und zwei Küken stehen bei ihren Füssen.

Als ich achtzehn Monate alt war, habe ich drei Küken zu Tode geliebt. Ich habe sie zärtlich an meine Wange geschmiegt und weil sie sich gewehrt haben, habe ich sie halt fest gehalten bis sie meiner Meinung nach eingeschlafen waren. Sie lagen am Boden aufgereiht, die drei schlafenden Küken, als meine Schwester und ihre Freundin hinzukamen und die beide sich aufregten, weil die Küken tot waren.

Als ich etwa vier Jahre alt war, kaufte mein Vater bei einem Kirchtag meinem Bruder einen Jungen und mir ein Mädchen bei einer „Schießbude". Er hat sie nicht geschossen, weil er nicht schießen kann, daher verkaufte ihm der Budenbesitzer die Figuren. Ich habe mich so über diese Gipsfigur gefreut und besonders, weil Papa sie mir geschenkt hat. Einige Stunden danach rutschte mir beim Spielen die Puppe aus den Händen und zerbrach. Daraufhin hatte ich mein erstes schmerzhaftes Erlebnis mit meinem Vater. Seine Mutter hat ihn zur Rede gestellt und er musste mir nochmals so eine Gipspuppe kaufen, doch die gleiche hatte der Budenbesitzer nicht mehr. Die neue hat mir gar nicht gefallen und durch das Verhalten meines Vaters, hatte ich auch keine Freude mehr daran.

Ist es eine Botschaft oder bin ich hysterisch? Auf jeden Fall ist diese Figur für mich ein sehr wertvoller Gegenstand geworden.

Papa grüßt zum Muttertag

Mein Vater wünschte uns Frauen, das heißt Mutti, die er Mama nannte, seinen Töchtern und Schwiegertöchtern zum Muttertag immer alles Liebe. Ich fragte ihn einmal, warum er das macht, wir sind ja nicht seine Mütter. Er antwortete darauf: „Das nicht, aber ihr seid Mütter." Ich habe das bei meinen Kindern, ich habe zwei Töchter, fortgesetzt. Allerdings nicht, weil sie Mütter waren oder sind, sondern weil ich mich keineswegs als Mutter ehren lassen will. Wie sie sich bei mir als Mutter bedanken, mag ich mich bei ihnen für ihr Kind sein bedanken.

Als ich zum 1. Muttertag nach dem Tod meines Vaters zu meiner Mutter kam, wollte sie mir unbedingt etwas aus dem letzten Zimmer zeigen (wir mussten vorher durch zwei Zimmer durchgehen). Ohne etwas zu bemerken, ging sie an einem großen Blumenstock vorbei. Als ich zu diesem Blumenstock kam, blieb ich wie angewurzelt stehen. Mein Vater hatte einige Jahre vorher an den Übertopf des Blumenstockes ein Bild mit einem Blütenkranz angeklebt und meiner Mutter zum Muttertag geschenkt.

Etwa eine Stunde, nachdem er ihr dieses Geschenk gemacht hatte, gerieten beide in Streit und mein Vater wurde hysterisch. Erst als er sich ein bisschen beruhigt hatte, sprach ich mit ihm darüber. Er konnte es auch annehmen, was ich sagte. Ich erklärte ihm auch einige Hilfsmöglichkeiten, damit er nicht ausrastet, denn er erzählte mir, dass er das gar nicht will. Wir hatten ein wirklich gutes Gespräch, ich merkte seine positive Veränderung bei den nächsten Besuchen.

Und nun zum Muttertag nach seinem Tod, lag dieses Bild am Boden und meine Mutter merkte es nicht. Mir war sofort klar, dass das eine Botschaft von Papa war. Ich kam mir überheblich vor, diese Botschaft für mich anzunehmen, daher sagte ich zu Mutti: „Papa will dich zum Muttertag grüßen." Meine Mutter aber reagierte gar nicht darauf. Ich bat sie, mir das Bild zu leihen, bis ich es kopiert habe. Auf der Fahrt nach Hause wurde mir aber schon bewusst, dass Papa nicht Mutti, sondern mich gemeint hat. Vielleicht als Dankeschön, weil ich mich damals verständnis- und liebevoll mit ihm auseinandergesetzt habe.

Die ersten Jahre nach dem Tod meines Vaters kamen viele Botschaften von ihm, ohne dass ich darum gebeten habe. In den letzten Jahren sind sie seltener geworden.

Viele Menschen wollen eine Botschaft erzwingen, aber das funktioniert dann gar nicht. Wir müssen selbstlos dabei sein, das heißt das Ego weglassen. Botschaften zu erhalten und sie wahrzunehmen kann man üben.

Ich denke oft darüber nach, weshalb ich Botschaften vom Vater und von Gott unterscheide. Die Art ist verschieden und doch kann ich es nicht erklären.

Von guten Mächten wunderbar geborgen
Am 11. Jänner 2008 ist meine Mutter weniger als ein Monat vor ihrem 89. Geburtstag gestorben. Diesen Winter war sie bei meinem Bruder und meiner Schwägerin, die im gleichen Ort wohnen, doch es ging ihr gut. Bis dahin hatte sich meine Mutter selber gekocht und den Haushalt geführt. Bügeln und staubsaugen musste ich ihr. Meine Schwägerin, die von meiner Mutter seit Jahren ein monatliches Entgelt in der Höhe des Pflegegeldes bekam, fuhr einige Tage vor dem Tod meiner Mutter mit ihr zum Arzt, weil sie in den Wochen bei meinem Bruder sehr wenig gegessen hatte.

Der Arzt schickte meine Schwägerin mit meiner Mutter ins Krankernhaus. Als mich meine Schwägerin verständigte, dass meine Mutter im Krankenhaus mit Krebs im letzten Stadium liegt, war ich schon krank und konnte sie nicht besuchen. Da ich aber für meine Mutter immer die Vertrauensperson war, sagte ich zu meiner Schwägerin, sie solle Mutti für mich umarmen und ihr Grüße von mir bestellen. Wenn aber Mutti sagt, dass sie mich braucht, bin ich sofort bei ihr. Das war aber nicht der Fall. Meine Schwägerin erzählte mir, dass die Ärzte meinten, dass sie meine Mutter für zwei Wochen im Krankenhaus behalten und sie aufpäppeln. Dann kann sie nach Hause, wird noch etwa sechs Wochen leben und dann sterben.

Ich war zu dieser Zeit in einer der Ausbildungen für humanenergetische Methoden, daher schrieb ich der Gruppe dass ich in Zukunft nicht regelmäßig zu den Übungen kommen würde. Wenn meine Mutter aus dem Krankenhaus ist, werde ich das Laptop zum Arbeiten mitnehmen und bei ihr sein. Als ich das Schreiben verfasste spürte ich, dass Mutti keine Wochen mehr leben wird. Sie wird vorher sterben. Dann horchte ich in mich hinein und dachte: „Mutti stirbt jetzt." Daraufhin setzte ich mich in mein Bett, nahm im Geist meine

Mutter beschützend in die Arme, wie ich es seit meinem zwölften Lebensjahr in natura gemacht hatte. Ein Therapeut sagte einmal: „Ihre Mutter hat sie ein Leben lang missbraucht." Meine Mutter erwartete von mir immer, dass ich ihr ihre Mutter ersetzte, die sie mit sechzehn Jahren verloren hatte. Als ich sie nun im Geist beschützend in die Arme nahm, nahm sie meinen Kopf in ihre Hände und legte ihn in ihren Schoß, dabei sagte sie telepathisch: „Ilse nicht so, so, ich bin die Mutter und du bist die Tochter." Am nächsten Tag rief mich die Schwägerin an, dass meine Mutter gestorben ist.

Am Begräbnis meiner Mutter konnte ich nicht teilnehmen, weil ich krank war. Ich litt ganz schlimm an Bronchialkatarr, so, dass ich kaum atmen konnte. Merkwürdig, denn seit meinem fünfundzwanzigstem Lebensjahr hatte ich keine Asthmaanfälle mehr. Die Asthmaanfälle begannen in jungen Jahren, als mich meine Mutter gezwungen hat, einen Mann zu heiraten, den ich nicht liebte, nur um im selben Ort wie sie zu leben und daher immer für sie da sein zu können.

Als ich zwei Wochen nach dem Begräbnis wieder gesund war, fuhr ich zum Grab meiner Mutter in meinen Heimatort. Als ich wieder nach Hause kam, hatte ich das seltsame Gefühl, dass jemand in der Wohnung war. Die Tür war aber ordnungsgemäß abgesperrt. Also schloss ich die Tür auf und ging in die Wohnung. Von der Therme im Vorzimmer, die ich auch als Pinwand verwende, leuchtete mir ein weißes A4 Blatt entgegen und bewegte sich im Luftzug der geöffneten Tür. Ich kannte dieses Blatt nicht und sah es mir genauer an.

Darauf war mit PC geschrieben das Lied, das aus einem Brief von Dietrich Bonhoeffer aus dem KZ stammt und das ich meiner Mutter ein Jahr nach dem Tod meines Vaters zu ihrem 85. Geburtstag nach der Feier, als wir beide alleine zu Hause waren, übergab. Seit dem Tod meines Vaters wollte sie mir immer wieder meine Meinung, dass es ein „Danach" gibt bestätigen. Sie sprach nur mit mir darüber, weil die anderen, wie sie es sagte, es nicht verstehen würden.

Von guten Mächten treu und still umgeben,
behütet und getröstet wunderbar.
So will ich diese Tage mit euch leben
und mit euch gehen in ein neues Jahr.
**VON GUTEN MÄCHTEN WUNDERBAR GEBORGEN,
ERWARTEN WIR GETROST, WAS KOMMEN MAG.
GOTT IST MIT UNS AM ABEND UND AM MORGEN
UND GANZ GEWISS AN JEDEM NEUEN TAG.**

Noch will das Alte unsre Herzen quälen,
noch drückt uns böser Tage schwere Last.
Ach Gott gib unsern aufgescheuchten Seelen,
das Heil, für das Du uns bereitet hast.
VON GUTEN MÄCHTEN ...

Und reichst Du uns den schweren Kelch, den bittern,
des Leids gefüllt bis an den höchsten Rand.
So nehmen wir ihn dankbar ohne Zittern
aus Deiner guten und geliebten Hand.
VON GUTEN MÄCHTEN ...

Doch willst Du uns noch einmal Freude schenken,
an dieser Welt und ihrer Sonne Glanz.
Dann woll`n wir des Vergangenen gedenken
und dann gehört Dir unser Leben ganz.
VON GUTEN MÄCHTEN ...

Wenn sich die Stille nun tief um uns breitet,
so lass uns hören jenen vollen Klang.
Der Welt, die unsichtbar sich um uns breitet,
all Deiner Kinder hohen Lobgesang.
VON GUTEN MÄCHTEN ...

Dietrich Bonhoeffer (Brief aus der Haft. Dez. 1944)
**Für meine Mutti, zur Danksagung
an ihrem 85. Geburtstag!
In Liebe, Ilse**
(Feber 2004)

Bis heute weiß ich nicht, wie dieses Schreiben dorthin kam. Ich hatte es im PC gespeichert. Das heißt, ich muss es im PC aufgeschlagen haben, ausgedruckt haben, zur Therme getragen und so an der Therme befestigt haben, dass es sich im Luftzug bewegt. Ansonsten hängt dort nämlich alles so, dass es sich nicht bewegt, weil das störend wäre. Das alles muss ich gemacht haben, ohne mich daran zu erinnern.

Mir ist schon klar, dass nur ich es gemacht haben kann, denn Geistererscheinungen und Fremdenergien glaube ich, können telepathische Nachrichten senden oder telepathisch kommunizieren, aber nichts Körperliches tragen.

Oder ist das ein Phänomen das ich noch nicht erlebt habe und jetzt nicht glauben kann? War es eine Botschaft von Mutter?

SEELENWANDERUNG

Wenn die Seele den Körper verlässt
Wovon ich hier erzähle ist keine Seelenwanderung, sondern eine Wanderung des Geistes würde ich meinen.

Ich kann mich nicht mehr erinnern, wann es begonnen hat, dass meine Seele aus dem Körper getreten ist, aber ich vermute es wird die Zeit der Pubertät gewesen sein. Auf jeden Fall war ich noch Kind und fühlte mich schon so erwachsen, dass ich wie eine Erwachsene bei meinen Eltern mitgearbeitet habe. Ich bin daher oft sehr müde ins Bett gegangen. Kaum war ich im Bett, sah ich von der Zimmerdecke auf meinen Körper, der im Bett lag. Das war für mich kein angenehmes Gefühl, daher überlegte ich nach einiger Zeit, wie ich das ändern könnte. Die Änderung sah so aus, dass ich mich geistig mit meinen Händen von der Decke zur Mauer „handelte" und die Mauer herunter zum Bett, bis meine Seele wieder mit dem Körper vereint war.

Tagsüber war es oft so, als würden mir die Sinne schwinden oder ich würde mich auflösen, in Wolken schweben und meine Seele beim Scheitel entschwinden. Anschließend fühlte ich mich den ganzen Tag als würde ich neben mir stehen und gehen. Ich war bis zum nächsten Morgen zu zweit. Aber auch dafür habe ich einen Ausweg gefunden. Wenn das Gefühl kam, dass ich mich auflöse, habe ich schnell die Finger auf den Scheitel gelegt bzw. geklopft. Somit war der weitere Vorgang unterbunden. Nach einigen Minuten konnte ich den Scheitel wieder frei geben.

Luftschlösser oder Tagträume

Hätte ich in meiner Kindheit und Jugend keine Luftschlösser gebaut, hätte ich diese Zeit wahrscheinlich nicht gesund überlebt. Ich fühlte mich als Kind und Jugendliche oft sehr einsam. Zwei Ersatzhandlungen habe ich gefunden, um damit besser leben zu können. Luftschlösser und Gott.

Luftschlösser - Im Vartan dem Buch der Runenmeister wird es „der geheime Garten" genannt. Es wird empfohlen, sich geistig einen Garten oder Park nach den eigenen Wünschen anzulegen und auch nur die Menschen in den Park oder Garten hinein zu lassen, die man möchte. Alles andere bleibt außerhalb des Gartens. Geheim deswegen, weil er nur in den eigenen Gedanken existiert.

Ich habe so ein zweites Leben geführt. Interessant und erlebnisreich, habe aber nie die Realität verloren. Ich war jederzeit im Hier und Jetzt. Es war der Ersatz dafür, dass ich ab dem elften Lebensjahr keine Freundin hatte. Die Gleichaltrigen zogen mit ihren Eltern in die Stadt und die Mädchen, welche drei bis fünf Jahre älter waren, mussten nach Wien, um dort zu arbeiten oder hatten einen Freund, mit dem sie zum Wochenende allein sein wollten.

Da ich dadurch auch niemand hatte, mit dem ich meine Probleme besprechen konnte, habe ich mit Gott gesprochen. Anfangs habe ich mich, wenn es finster war und niemand mehr auf der Straße war, vor mein Elternhaus gestellt, denn da konnte mich dann niemand sehen. Weil ich damals noch nicht mit einem „gestaltlosen" Gott reden konnte, habe ich mir vorgestellt, im alten, hohen Tannenbaum, der im Garten vis-à-vis meines Elternhauses wuchs, wohnt Gott. Somit hatte ich einen Gesprächspartner. Ich konnte ihm alle Sorgen und Nöte anvertrauen. Er zeigte mir auch immer wieder Auswege. So habe ich mehr und mehr gelernt, mich mit Gott, der Geist ist, auseinander zu setzen.

Bei der Erstkommunion hatte ich noch eine Freundin. Da war Jesus für mich vielleicht nicht Gott, aber doch etwas sehr Heiliges. Als wir mit dem geschmückten Auto meines Vaters von der Erstkommunion, die im Nachbarort stattgefunden hatte, nach Hause kamen, war ich von meiner Familie enttäuscht. Mutti kochte wie jeden anderen Tag. Papa hat Schweineställe repariert wie so oft. Was meine um sieben Jahre ältere Schwester machte, weiß ich nicht, aber wahrscheinlich Mutti beim Kochen geholfen. Niemand teilte das Heilige mit mir. Daraufhin sagte ich zu meiner Freundin: „Komm wir gehen in den Friedhof. Wir sind jetzt was Besonderes, wir tragen Jesus in uns."

Wo ist Gott bei Katastrophen?

Gott weiß nicht warum, war eine Überschrift in den Salzburger Nachrichten nach der Katastrophe von Kaprun. Ich bin da anderer Meinung - ich habe andere Gotteserfahrungen gemacht.

Zum Ersten sprach meine Tochter mit mir darüber und meinte: „Die Menschen vergessen immer wieder, dass das Leben nicht alles ist." Diese Antwort war großartig für mich.

Zum Zweiten bin ich der Meinung, dass Gott sehr wohl weiß warum. Er hat dieses Unglück weder programmiert, noch gewollt. Wir Menschen waren es, die wir unzulänglich und fehlerhaft sind. Wenn wir uns auf die Technik einlassen, müssen wir wissen, dass es das Werk von Menschen ist und Fehler passieren können. Gott hat uns doch unseren freien Willen gelassen. Jeder hatte sich zum Fahren mit der Gondel entschieden.

Ich habe dieses Unglück zwei Tage vorher gefühlt, doch in dem Augenblick, als ich mich aus plötzlicher Angst zu erfahren, wo es sein wird wehrte, verlor ich die Wahrnehmung.

In der Bibel bei Math. 14,28-31 erging es Petrus ebenso, als er auf dem Wasser zu Jesus gehen wollte. Als er Angst bekam, konnte er nicht mehr weiter gehen und wäre ertrunken, hätte ihn Jesus nicht gerettet.

Nach dem Unglück in Kaprun habe ich mit einigen Menschen darüber gesprochen, da ich ein schlechtes Gewissen hatte, nicht davor gewarnt zu haben. Wir kamen zu dem Schluss, wenn ich genau die Stelle und den Zeitpunkt sagen hätte können, hätte man mich nicht ernst genommen. Die Leute wären trotzdem gefahren. Da kann man doch Gott nicht dafür verantwortlich machen. Außerdem bin ich der Meinung, dass alles einen Sinn hat, wir sehen ihn nur nicht immer gleich. Was es für einen Sinn haben sollte, dass Kinder ihre Eltern verlieren? Können wir es überblicken, wie das Leben, Sterben und der Tod oder das Danach verlaufen würde, wenn die Eltern leben würden? Das weiß nur Gott!

Vielleicht erfahren wir den Sinn noch im Leben, aber oft erst nach dem Tod und ich finde das ist gut so. Gott weiß wohl auch dabei warum.

Zum Dritten möchte ich sagen, dass es Gott zum Leid, immer wieder die schlimmen Ereignisse und Erfahrungen sind, die uns zu ihm flüchten lassen. So wenige Menschen kommen auf die Idee, Gott für das Gelungene, für jede schöne Erfahrung zu danken. Wir nehmen alles für selbstverständlich, was es aber nicht ist. Man sollte hinterfragen wie oft Gott die Menschen gerettet hat, bevor er ein Unglück zugelassen hat. Noch einmal bin ich bei der Antwort meiner Tochter: „Die Menschen vergessen, dass das Leben nicht alles ist." Also ist meine Meinung: „Nur Gott weiß warum."

Ich glaube, dass wir Menschen Gott nicht für menschliches Versagen verantwortlich machen dürfen. Gott hat weder Dämme wie in New Orleans gebaut, noch Flüsse wie in Österreich versetzt oder Wälder abgeholzt um Schiterrassen frei zu machen. Er hat auch keine Hubschrauber oder Seilbahnen erzeugt. Das machen alles wir Menschen, daher sind diese Katastrophen immer vom Menschen hervor gerufen.

Und wenn sie jetzt sagen: „Aber Wirbelstürme, Zunami und Erdbeben, sowie Vulkanausbrüche und Unwetter sind doch von Gott produziert", gebe ich ihnen recht. Wir müssen nur bedenken, wenn wir nicht immer wieder die „Nabelschnur zu Gott" durchtrennen würden, würden wir so leben, dass uns kein schweres Leid dadurch zugefügt würde. Wir würden Katastrophen fühlen, wie es wahrscheinlich die Neandertaler noch fühlten und wie es Tiere heute noch tun. Ich erinnere mich an die Sonnenfinsternis im Jahr 2000. Damals war ich mit meinen beiden Töchtern im Park vor unserem Haus, aus dem wir sonst fröhliches Vogelgezwitscher hören. In der Zeit der Finsternis war alles muxmäuschenstill.

Einige Wochen vor dem Hochwasser 2002 fühlte ich es, konnte mir aber nicht vorstellen, dass es wirklich so ein Ausmaß wie ich es fühlte, in Niederösterreich in der Nähe von Wien geben kann. Aber genau das meine ich. Wir nehmen Gott nicht mehr wahr. Das heißt, das was wir fühlen, nehmen wir nicht für die Wahrheit, wir nehmen es nicht ernst. Wir haben uns vom Göttlichen zu weit entfernt.

Gott sei Dank, fangen immer mehr Menschen wieder an, Gott besser wahrzunehmen. Beim Dammbruch in New Orleans musste ich an Noah denken. Er ist das Beispiel. Er nahm seine Vision als Gottes Gebot wahr und rettete dadurch sein Leben und das seiner Familie, in dem er ein Boot baute als noch kein Wasser in Sicht war. Wenn wir uns Gott hingeben würden, würden wir unsere Häuser nicht zu nah am Wasser und in gefährdeten Regionen bauen usw. Ich glaube, durch den Fortschritt unseres Wissens in Forschung und Technik, übergehen wir Gott. Gott aber setzt uns immer wieder Grenzen, wie beim Turmbau zu Babel.

Da bin ich wieder bei meiner Tochter die meinte als alle fragten, warum lässt Gott das zu: „Die Menschen vergessen, dass das Leben nicht alles ist." Ich bin ja der Meinung, wir leben um zu sterben. Das heißt, wir sollten unser Leben so leben, dass es uns im Jenseits zum Segen gereicht. Denn das Paradies sollte unser Ziel sein.

Ich bin überzeugt, durch die Begegnung mit dem Tod oder einem Leid, erhalten wir die Fähigkeit den Sinn des Lebens besser verstehen zu lernen. Gott ermahnt uns zur Besinnung, zur Sinnfindung oder neuerlichen Orientierung unseres Lebens. Ein erfülltes Leben bedeutet nicht nur, Partys, Diskos, One Night Stands, Reisen und Hollodrio. Ich glaube, dass alles in Maßen genossen werden sollte. Vor Allem, dass es auch eine Zeit der Besinnung, des Dankens und eine Zeit zum Gutes tun, geben soll, damit es uns im Tod gut geht. Der dauert nämlich ewig, und die Ewigkeit ist lange. Das Leben ist im Vergleich mit der Ewigkeit ein winziger Funke.

Jeder, der mehr als das Existenzminimum verdient oder einnimmt, sollte ein Zehntel für Menschen geben, die weniger als das Existenzminimum zur Verfügung haben. Ich tue es, muss aber immer darauf bedacht sein, nicht missbraucht zu werden. Es ist leider so, dass oft die Menschen, welche keine Not haben, die „Hand aufhalten".

Den Tod überstanden

1988 hatte ich einen Unfall mit zwei Nahtoderlebnissen. Das eine durch einen Herzstillstand und das andere beim Bewusstwerden dass, nachdem ich ins Leben zurückgeworfen wurde, die Möglichkeit besteht, beim Umdrehen meines Körpers könnte ich tot bleiben. Mein Herz hörte auf zu schlagen. Seither nehme ich weltweite Katastrophen wahr. Lange Zeit hatte ich darunter gelitten, bis mir meine ältere Tochter erklärte: „Mama, nicht du bist der Auslöser und bringst den Menschen Unglück, sondern du nimmst es vorher schon wahr. So, wie die Tiere, die vorm Waldbrand aus dem Wald flüchten." Sie hat mir damit mein Leben erleichtert. Ich fühle mich nicht mehr schuldig.

Nachdem ich bei dem Unfall wieder ins Leben eingetreten war, wollten mich Leute umdrehen, da ich auf dem Bauch lag. Vor Schmerzen konnte ich nicht reden und presste mühsam heraus: „Wartet bitte noch". Dann bereitete ich mich darauf vor, wenn mich die Leute umdrehen, dass ich dann endgültig tot bleiben würde. Erst wusste ich nicht, was ich zu tun habe, aber dann kam ein Satz, der lautete: „Alle die ich verletzt habe, verzeiht mir bitte."

Es war, als käme dieser Satz von außen und strömte durch den Scheitel in meinen Kopf. Ich musste ihn in Gedanken einige Male wiederholen, bis ich seine Bedeutung verstand. Dann dachte ich: „Ja, das will ich."

LEBENS + FREMDENERGIE

Was ist Prana?
Das Wort Prana kommt aus dem Sanskrit und bedeutet Lebenskraft, Lebensenergie.

Die von Master Chao Kok Sui gelehrte einfache und doch enorm wirkungsvolle Methode ist eine der ältesten Formen natürlichen Heilens. Der Therapeut überträgt nach gründlicher Reinigung Prana oder Lebensenergie auf den Klienten, wodurch dessen Selbstheilung erfolgen kann.

Die von Master Choa nach langjährigen Studien entwickelte, klar umrissene und erprobte Behandlungsmethode ermöglicht es jedem Menschen auf einfache Weise Aura und Chakren zu fühlen, zu reinigen und zu energetisieren, um die Harmonie der verschiedenen Körper wieder herzustellen.
In der Ausbildung lernen sie ein Maximum an praktischen und präzisen Techniken für den Alltag.

Ich hatte einen Vorgeschmack vor Jahren auf der Akademie für Ganzheitsmedizin, was mich bewogen hat, die Ausbildung zu machen.

Fremdenergie

So wie unsere Erde mit Sauerstoff bzw. Luft umgeben ist, die wir nicht sehen können, aber ohne die wir nicht leben könnten, so ist wahrscheinlich nicht nur die Erde, sondern das ganze Universum mit Energie umgeben und durchsetzt.

Wir Menschen bestehen einerseits aus Körper = Materie. Aber dieser Körper hat auch Geist + Seele = Energie, die wir nicht sehen können, aber ohne die wir nicht leben könnten.

So kann es geschehen, dass sich - meistens in Zeiten, in denen wir selber schwach sind, wie z.B. während einer Operation, im Schlaf, während seelischer oder körperlicher Krankheiten oder wenn wir müde sind, viel und konzentriert am Computer arbeiten oder fernsehen - fremde Energie an uns hängt. Diese Fremdenergien können gutartig sein, aber auch bösartig.

Ich musste zum Beispiel 2004, als sich bei mir eine Energielosigkeit einstellte, die Ausbildung zum Prana-Healing abbrechen. Ich hätte sonst den Klienten anstatt ihre schlechte Energie abzunehmen bzw. zu neutralisieren und gesundes Prana/Energie zu geben, ihre ungesunde Energie übernommen und wäre selber an ihren Krankheiten erkrankt. Oder, was auch passieren hätte können, ich hätte den Klienten ihre gesunde Energie „geraubt".

Wir können uns selber, ohne dass es uns bewusst ist, fremde Energie holen. Darüber erfahren sie einige Absätze weiter. Aber wir können auch bewusst fremde Energie übernehmen, wie z.B. als Medium oder als Stellvertreter bei Systemaufstellungen.

Vor etwa zwanzig Jahren während der Ausbildung zur Lebens-, Sterbe- und Trauerbegleiterin hörten wir einen Vortrag über „Besetzung". Ich war verwundert darüber, dass es das heutzutage noch gibt. Zwar hörte, las oder sah ich manchmal (im Fernsehen) dass jungen Mädchen mit Gewalt sogenannte Dämonen ausgetrieben wurden. Ich war darüber jedes Mal empört, weil in der Bibel Markus 9,28-29 ein anderes Vorgehen beschrieben wird:

„Als Jesus nach Hause kam und sie allein waren, fragten ihn seine Jünger: Warum konnten denn wir den Dämon nicht austreiben? Er antwortete ihnen: Diese Art kann nur durch Gebet ausgetrieben werden."

Vor einigen Jahren während der Ausbildung der Auratechnik lernten wir das „Wegschicken von Fremdenergie/Besetzung". Wir lernten wie Jesus es beschreibt, dass es liebevoll geschehen muss. (Beten ist Liebe. Kein bösartiger Mensch würde beten.) Jede Form von Fremd-Energie bzw. Besetzung, auch wenn es Dämonen sind, muss wertschätzend verabschiedet werden. Manche Fremdenergien verlassen den Menschen überhaupt erst, wenn man sie zwar konkret und bestimmt, aber wertschätzend und liebevoll bittet oder auffordert zu gehen.

Durch die Übungen während der Ausbildung habe ich es an mir gespürt, was Fremdenergien oder Besetzungen sind. Mir wurden drei davon weggeschickt. Von zweien will ich erzählen, weil auch Sie damit verstehen können, was mit Fremdenergie gemeint ist.

Der Harlekin

1993 waren für mich zehn qualvolle Jahre zu Ende. Davor aber ging es mir so schlecht, dass ich nicht mehr weinen und nicht mehr lachen konnte, obwohl ich vorher ein fröhlicher Mensch war. Manches Mal dachte ich: „Wenn ich nur weinen könnte, dann wäre der Überdruck aus mir heraus." Aber ich konnte nicht weinen. Weil ich nicht mehr lachte, baten mich meine beiden Töchter: „Bitte Mama lache wieder." Auch andere Menschen kritisierten mich, weil ich nicht mehr lachte.

Hauptsächlich aus Liebe zu meinen Kindern, eignete ich mir ein künstliches Lachen an und alle meinten, ich lache wirklich. Schon bei dem Wort „eignete" kann man ersehen, dass ich mir etwas holte, nämlich fremde Energie - den Harlekin. Der Harlekin, der immer lacht, auch wenn er todtraurig ist.

Bei der Verabschiedung des Harlekins sagte ich ihm Folgendes: „Danke dass du bei mir warst als ich dich brauchte. Ich hätte ohne dich wahrscheinlich nicht überlebt oder wäre in der Psychiatrie gelandet. Du warst für mich lebensnotwendig und eine große Hilfe. Jetzt aber, da ich wieder selber und von Herzen lachen kann, bist du mir schon zu schwer geworden. Ich glaube, es ist an der Zeit dass du gehst, aber ich danke dir vielmals für deine Dienste." Die Tränen rannen mir aus den Augen, nicht weil ich an die schlimme Zeit dachte, sondern aus Dankbarkeit. Ich war dieser Energie, die sich Harlekin nannte, dankbar.

Nun dürfen sie genauso wie ich staunen - die Erleichterung ist enorm. Ich habe nicht mehr das Gefühl, ich muss auf alle Menschen strahlend zugehen. Seither bemerke ich erst, wie schwer das war und wie leicht ich mich jetzt fühle.

Die Todessehnsucht

Eine Fremdenergie, die sich Tod nannte, wurde von mir weggeschickt. Erst wusste ich nichts damit anzufangen, aber dann war es mir plötzlich klar, es war die Todessehnsucht, welche ich seit zwei Nahtoderlebnissen bei einem Unfall 1988 (mitten in den zehn schlimmen Jahren) hatte. Seither hatte ich eine starke Todessehnsucht, war allerdings nicht suizidgefährdet. Doch das Leben fiel mir sehr schwer, im Tod ist alles viel leichter, dachte ich. Nachdem mich meine Töchter noch brauchten, musste ich leben. Von der Fremdenergie, die sich Tod nannte, wünschte ich zu leben, aber ein bisschen ein fröhlicheres Leben als in den letzten Jahren. Ich nahm alles viel zu tragisch und zu ernst. Der Tod war einverstanden und ging weg von mir.

Seither habe ich keine Todessehnsucht mehr, meine Lebensauffassung hat sich verändert - ist leichter und fröhlicher geworden - und das Burn-Out ist abgelöst. Das Burn-Out, an dem ich vor dieser Ausbildung gelitten habe, war der Grund, dass ich diese Ausbildung machte - zu meiner eigenen Heilung.

Nachdem die Erfahrungen während dieser Ausbildung so wunderbar für mich waren, und ich vorher und nachher noch andere Ausbildungen von humanenergetischen Methoden absolvierte, übe ich das Gewerbe als Humanenergetikerin aus. Ich will anderen Menschen helfen ein lebenswertes Leben führen zu können. Ich habe seither viele schöne Erfahrungen mit Klienten gemacht.

Mitleid im Konzentrationslager

Mitleid ist eine Form von Fremdenergie. Bei der Ausbildung zur Lebens-, Sterbe- und Trauerbegleiterin, die einige Jahre dauerte, wurde uns besonders vom leider schon verstorbenen Dr. Ernst Heftner, immer wieder ans Herz gelegt: „Last euch den Rucksack der anderen nicht umhängen." Andere Ärzte haben es anders genannt: „Ihr sollt mitfühlen, aber dürft nicht mitleiden."

Beim Mitleid übernimmt man die Energie der Leidenden und wenn man damit nicht umgehen kann, bringt man sie auch schlecht wieder los. Als meine ältere Tochter ca. eineinhalb Jahre alt war, war ich im Konzentrationslager Mauthausen. Das KZ war damals noch nicht zur Besichtigung geöffnet, daher war noch sehr viel von der Energie des Krieges an diesem Ort.

Ich kannte mich damals nicht so wie heute mit Fremdenergie aus, sonst hätte ich wahrscheinlich anders gehandelt. Da ich seit meinem achtzehnten Lebensjahr mit einigen jüdischen Frauen befreundet war und der damalige Oberrabbiner Prof. Dr. Eisenberg, der Vater vom jetzigen Wiener Oberrabbiner, mein väterlicher Lehrer des Judentums war, wollte ich nachempfinden, wie es den jüdischen Frauen mit ihren Kindern vor der Vergasung ergangen ist. Ich nahm meine Tochter an der Hand und ging mit dem Gefühl, ich wäre eine Jüdin, durch die Baracken zum Bad, in dem statt Wasser aus den Duschen Gas strömte und die Menschen tötete.

Wieder zu Hause in Wien angelangt, hatte ich zwei Wochen lang starke Depressionen. Da ich seit meiner frühesten Kindheit oft unter Depressionen litt, konnte ich aber schon ganz gut damit umgehen. Nun aber kam ich aus den Depressionen nicht heraus. Als ich darüber nachdachte, was die Ursache sein könnte, fiel mir das

KZ ein. Nun erst konnte ich die Depressionen verstehen. Heute weiß ich, dass diese Depressionen Fremdenergie war, die ich mir selber geholt habe. Zwar damals unbewusst, aber doch gewollt, weil ich mich in die jüdischen Frauen versetzt habe. In jemand anderes zu versetzen heißt, seine Energie übernehmen.

Jesusenergie

Vor etwa zwei Jahren besuchte ich eine theologische Seminarreihe über die 10 Gebote.

Als der Vortragende erzählte, dass er mit „ungläubigen" Menschen gesprochen hätte, dass das, was sie anbeten, nicht Gott ist, sondern nur Holz und er werfe das Holz ins Feuer, wo es verbrennt, dachte ich: „Und was machen wir mit Jesus?"

Als ich dann nach Hause fuhr, musste ich diesen Abend noch verarbeiten und war sehr in Gedanken versunken. Als ich dachte, wenn Jesus noch leben würde, was würde er dazu sagen, fühlte ich plötzlich die Energie von Jesus. Ich war sehr erschrocken und dachte, ich sei überheblich das zuzulassen. Jesus ist für mich nicht Gott, aber der „größte von uns Menschen". Bis der nächste Gedanke kam: „Lasse das nur zu, du hast es nicht herbeigeholt, es kam von alleine." Da habe ich es mit gutem Gewissen zugelassen.

Es war so, als würde Jesus seine Hand über alle Kirchen und Pfarren und das Gehabe der meisten Priester und den Männern der Kirchenleitung ausbreiten und sagen: „Was habe ich damit zu tun? Was wollen die alle von mir?" Er kannte sich überhaupt nicht aus, er wusste nicht, was da abgeht. Er war - jetzt muss ich das richtige Wort suchen - befremdet. Er konnte mit all dem nichts anfangen. Er kannte das alles nicht. Das war nicht in seinem Sinn.

Ich war von dem Gefühl überrascht, dass es so drastisch ist, hätte ich mir vorher nicht vorstellen können.

Schon seit einiger Zeit bin ich der Meinung, dass die Seele unserer Verstorbenen länger als in den Totenbüchern steht, in unserer Nähe bleibt.

Dieses Erlebnis mit der Jesusenergie hat mich in dem bestärkt: „Tot ist nur, wer vergessen ist." Jesus lebt aber noch im Herzen vieler Menschen.

Systemaufstellung

Bei der Ausbildung für Systemaufstellung lernten wir viel Theorie, von dem ich das meiste schon aus über zwanzig Jahre verschiedener Ausbildungen kannte. Aber wir übten auch die Praxis. Es wurde vor einer Aufstellung ausgetestet, wer Klient sein sollte. Nämlich, von dessen Aufstellung wir Ausbildungs-Teilnehmer am meisten profitieren konnten. Schon während der Ausbildung ersuchte ich immer wieder die Kolleginnen und Kollegen, demütig mit dieser Arbeit umzugehen. Bei dieser Arbeit geht es um göttliche Energie, mit der dürfen wir nicht spielen.

Zwischen den Ausbildungsblöcken trafen wir uns als Peergroups (Gruppen von Gleichgestellten) zum Üben. Als einmal ein Mann aus der Gruppe als Klient ausgetestet war und ein anderer als Aufstellungsleiter, teilte der sogenannte Klient das Thema mit und meinte: „Ich weiß ja schon was herauskommt." Da wurde er gefragt: „Warum?" „Weil jemand dieses Thema für mich gechannelt hat." antwortete er. Ich erschrak und dachte: „Wenn du dich jetzt nur nicht versündigt hast." Man darf ein Thema nicht zwei Mal ansprechen, das ist wie „Gott prüfen wollen". Die Aufstellung war ein Chaos und endete mit einem Fiasko.

Bei meiner Prüfungs-Aufstellung war ich die einzige, die zum Beginn der Aufstellung ein Gebet sprach.

Bei dieser Aufstellung ging es turbulent zu. Bei der betreffenden Familie gab es unter anderem eine geistesgestörte und eine behinderte Frau. Zwei Männer rauften in der Aufstellung und fielen hin. Sie blieben liegen und ich als Leiterin ging leise zu ihnen und berührte jeden am Bein, damit sie merkten, mir ist bewusst, was da geschah. Beim Feedback meinte der Trainer: „Und sie geht noch in die Energie hinein!" Ich freue mich, dass ich mich so wunderbar abgrenzen kann. Das hat ganz sicher mit all dem, was ich in meinem Leben in dieser Beziehung gelernt habe, zu tun.

Als ich einige Monate nach der Ausbildung für mich selber eine Aufstellung leitete, standen unter anderem eine Stellvertreterin für mich/Ilse und ein Stellvertreter für meinen Vater. Ilse und mein Vater umarmten sich und Ilse weinte bitterlich. Plötzlich fühlte ich selber Tränen und dachte: „Ich bin die Leiterin, die Ilse steht da drinnen." Sofort hatte ich mich dadurch abgegrenzt und die Tränen waren bei mir persönlich vorbei. Die Ilse in der Aufstellung weinte genauso bitterlich, wie ich in dieser Situation im wirklichen Leben geweint hatte.

Vor einigen Jahren kamen Frauen zu mir, die schlechte Erfahrungen durch Aufstellungen die von Psychotherapeuten geleitet wurden, gemacht haben. Eine von ihnen war Stellvertreter für einen Vergewaltiger. Es wurde vergessen, sie wieder aus der Rolle zu entlassen, dadurch hatte sie tagelang Panik.

Einer jungen Ärztin hat ein Aufstellungsleiter, auch ein Psychotherapeut, Dämonen als Fremdenergie - ich nenne es „hineingedrückt". Sie wurde psychisch krank. Ihre Mutter war dann auch bei diesem Aufsteller und wurde auch psychisch krank. Beide Frauen kamen für einige Zeit in das psychiatrische Krankenhaus und wurden mit entsprechenden Medikamenten entlassen. Beide Frauen hörten auf die Medikamente zu nehmen und schlichen sich in einem Restaurant in den zweiten Stock. Erst sprang die Tochter aus dem Fenster, dann die Mutter. Die Mutter war tot, die Tochter schwer verletzt. Die Tochter ersuchte mich um Trauerbegleitung. Anschließend kam sie zu verschiedenen Gruppengesprächen und bei Ausflügen mit, da sie ansonsten sehr einsam war.

Diese Frauen waren einer der Gründe, weshalb ich die Ausbildung für Systemaufstellungen machte. Während der Ausbildung zur Lebens-, Sterbe- und Trauerbegleiterin habe ich schon einige Seminare für Systemaufstellungen besucht. Da habe ich sie aber noch nicht mit den Augen einer Aufstellungsleiterin gesehen. Nun wollte ich das Geschehen mit den Augen des „Fachmannes bzw. der Fachfrau" betrachten, um zu sehen, welche Fehler gemacht werden können.

Ich habe mir nun die Meinung gebildet, dass es nicht wichtig ist, als Aufstellungsleiter Psychotherapeut oder Psychiater zu sein. Es sollte niemand Aufstellungen leiten dürfen, der nicht eine entsprechende Ausbildung hat, damit er Personen, die aus der Fremdenergie nicht heraus kommen, davon befreien kann. Außerdem müssten Aufstellungsleiter darauf achten, dass alle Stellvertreter aus der sogenannten Rolle „entlassen" werden und für die Stellvertreter da sein, wenn es diesen in den folgenden Tagen oder Nächten schlecht geht.

ANDERES AUSSERSINNLICHE

Humanenergetische Methoden
In Österreich dürfen Humanenergetiker energetische Methoden nicht "Heilmethoden" nennen. Dieser Ausdruck ist den Ärzten vorbehalten. Humanenergetische Methoden sind lt. Gewerbeordnung „Hilfestellung einer körperlichen bzw. energetischen Ausgewogenheit (Energetik)." Sie regen die Selbstheilung des Klienten an. Sie sollen kein Grund sein, auf Arztbesuche zu verzichten. Im Gegenteil, ich empfehle erst alle Beschwerden ärztlich abzuklären und behandeln zu lassen. Ich rate auch niemandem, Medikamente ohne ärztliche Kontrolle abzusetzen und erstelle auch keine Diagnosen.

Humanenergetische Methoden sind kein „Firlefanz", sondern Methoden auf natürliche Weise. Methoden, die uns zum Wohlergehen an Körper, Geist und Seele ins „Menschsein" mitgegeben wurden.
Methoden, die es so lange gibt, wie es Menschen gibt. Medizin und Chemie - kamen erst viel später als Heilmethoden dazu.
Ich löse am liebsten Blockaden im Unterbewusstsein mit Hilfe einer weiterentwickelten Kinesiologie ab, man könnte auch sagen, ich löse sie auf. Diese Technik ist nachhaltig und umweltschonend, da man dafür weder Pflanzen für Medikamente, noch Chemie oder Strom benötigt.
Humanenergetische Methoden sind mit Energie und Ethik verbunden und unterliegen dem Ethischen Code.
Bei dieser Arbeit erleben die Klienten und ich oft Wunder. Wunder deshalb, weil ich nicht erklären kann, weshalb ein wunderbarer Erfolg eintritt.

Selbstverständlich kann ich hier nicht alle diese großen und kleinen „Wunder" beschreiben, sie würden das Buch füllen. Doch einige beschreibe ich.

Schmierseife

Für die Ablöse der Blockaden im Unterbewusstsein mit der Technik einer weiterentwickelten Kinesiologie, haben wir für die Ablösemöglichkeiten Vorlagen, doch manchmal verlangt das Unterbewusstsein etwas anderes.

Eine Frau um die Vierzig kam zu mir, weil sie Schlafstörungen hatte. Die Ärzte verordneten ihr nur Medikamente, von denen sie sich aber nicht abhängig machen wollte und die Therapeuten konnten ihr auch nicht helfen. Während der „Handlung", denn als „Behandlung" dürfen es nur Ärzte bezeichnen, stellte sich heraus, dass keines der vorgegeben Möglichkeiten angewendet werden sollte. Wir testeten ein Lexikon aus meinem Bücherregal aus und das Wort Schmierseife. Die Klientin las den Text, aber ich wusste mir damit nichts anzufangen und sie schon erst recht nicht. Beim weiteren Testen stellte sich heraus, dass ich es noch einmal lesen soll.

Achtung: Oberstes Gebot unserer Arbeit ist die Intuition. Ich las also den Text und als ich las: „Schmierseife wurde früher zur Reinigung verwendet." klickte es bei mir. Reinigung - Reinheit - Reinheit des Herzens! Ich testete, ob das gemeint ist und die Arme sagten ja. Also fragte ich die Frau: „Kann es sein, dass du nicht möchtest, dass dein Sohn erwachsen wird, weil du ihn dadurch verlierst?" Sie antwortete ohne nachzudenken mit ja. Nun wusste ich, worum es überhaupt geht. Dann konnte ich ihr erklären, dass dieser Wunsch nicht reinen Herzens ist, weil sie ihrem Sohn dadurch das Leben versperrt. Wir konnten diese Blockade ablösen. Das Wichtige daran ist - sie kann wieder gut schlafen.

Der Fluch

Schon bei einer Aufstellung stellte sich heraus, dass der Mann eines Klienten außer Depressionen auch durch Fremdenergie belastet ist. Das heißt nicht er persönlich, sondern auf dem Haus das er von seinen Eltern geerbt hatte und bei dem er dabei war es „abzureißen", liegen einige Flüche, die sich auf ihn auswirken.

Nachdem der Mann selber keine Ablöse durchführen wollte, fragte sie ihn, ob sie das für ihn stellvertretend machen dürfe. Er war erleichtert, dass sie das für ihn tun würde. Als sie dann bei mir war fragten wir ab, ob sie als Stellvertreterin für ihren Mann stehen darf. Das Unterbewusstsein bejahte es. Für die Ablöse der Flüche bedurfte es zwei Sitzungen. Bei der letzten Sitzung erzählte mir die Klientin, dass sie ihre Freundin, die vis a vis vom Elternhaus ihres Mannes wohnt besucht hatte. Diese erklärte ihr, dass sich beim Haus in den letzten Tagen etwas verändert hätte. Dieses Dunkle vorne ist weg. Auch links ist es heller geworden. Nur beim Schupfen (ein Abstellgebäude) ist es noch sehr dunkel. Keine Frage, dass auch beim Mann eine Besserung eingetreten ist. Die Depressionen durfte sie nicht in Stellvertretung ablösen, für die muss er selber kommen, sagte das Unterbewusstsein. Ich nehme an, dass er durch die direkte Ablöse bei ihm, Erkenntnisse erlangen würde, die für sein höchstes Wohl maßgeblich sind.

Ritual von der Teeverpackung

Bei einer Frau stellte sich als Unterstützungsaufgabe heraus, dass sie ein Packerl Tee kaufen solle, was sie auch getan hat. Bei der nächsten Sitzung brachte sie die Verpackung mit. Darauf stand etwas von Ritual - da wusste ich, was diese Frau benötigte. Inzwischen fühlte ich auch welches Ritual es sein sollte. Wir testeten trotzdem, ob es das sein sollte, was ich fühlte. Sie war auf ihren Sohn zornig, weil er sich selbst das Leben genommen hat. Dass er vorher nicht mit ihr gesprochen hatte, das konnte sie ihm nicht verzeihen. Der Test ergab, dass sie noch einmal ein Trauergespräch braucht (nach seinem Tod hatten wir einige ehrenamtliche Trauergespräche), bei dem ich als Medium dienen sollte. Als Medium spürte ich den toten Sohn sehr intensiv. Ich weinte bitterlich und entschuldigte mich als der Sohn bei der Mutter, dass ich, als ich noch lebte nicht wusste, welch großen Schmerz ich ihr damit zufügen würde. Ich bat sie immer wieder um Verzeihung.

Zum Sohn kann man sagen: „Denn er wusste nicht was er tut." Erst im Tod, wo es keine Grenzen mehr gibt und wo man jeden Fehler, den man im Leben gemacht hat, sieht, sah er, wie sehr er seine Mutter mit seinem Verhalten, dass er sich getötet hat, verletzte.

Jesus sagte am Kreuz: „Vater verzeih ihnen, denn sie wissen nicht was sie tun." Ich glaube diese Aussage war richtig, denn alle, die Jesus zum Tode „verurteilt" haben, wussten nicht, was sie wirklich getan haben.

Aber deswegen kann man diesen Gedanken nicht bei jeder Situation anwenden.
Es gibt Menschen, die aus verschiedenen Gründen verletzen. Doch der Grund, weil sie nicht wissen was sie tun, kommt dabei am seltensten vor.
Oft werde ich überrascht von dem, was sich ergibt und den Menschen hilft.

Vor jeder Sitzung/Handlung/Balance bitte ich Gott um Führung und Begleitung durch diese Handlung. Das tue ich aber leise, in der Zeit die meine Kolleginnen und Kollegen „den Energiekreis schließen" nennen. Leise deswegen, weil das wahrscheinlich einigen Menschen unangenehm wäre. Da auf meiner Website ersichtlich ist, dass ich sehr gottverbunden lebe, werde ich manchmal bei den Anmeldungen schon gefragt, ob das etwas mit Kirche zu tun hat. Hat es aber nicht.

Managerkapsel

Ich war überrascht, als sich ein achtundvierzig jähriger Mann meldete und am Telefon auf meine Frage um das Thema erklärte: „Ich bin eifersüchtig und klammere an meiner Frau." Überrascht deswegen, weil selten Männer zu einer Blockadenablöse kommen. Die Überraschung steigerte sich, als er noch mit einem Thema auftrat, womit sich wenige Männer auseinandersetzen wollen, geschweige denn, es ablösen oder auflösen würden.

Es war nicht mit einer Sitzung erledigt. Wie üblich testete ich zu Beginn der ersten Sitzung aus, wie viele Sitzungen dieses Thema bedarf. Er brauchte drei Sitzungen und dreiundzwanzig Tage, einmal täglich einen Text als Unterstützungsaufgabe. Gleichzeitig fragte ich das Unterbewusstsein ab, ob es noch andere Themen abzulösen gibt, damit er so sein kann, wie er und seine Frau ihn haben möchten. Daraufhin haben wir folgende Themen ausgetestet: „Selbstbewusstsein, Selbstvertrauen, Selbstwertgefühl" als ein Thema mit drei Sitzungen. Richtiges Reden mit seiner Frau mit zwei Sitzungen. Daraufhin testete ich einen verminderten Betrag als Honorar aus. So konnte er sich ausrechnen, was ihm die Erleichterung durch die Ablösen kosten wird. Er war einverstanden, daher haben wir gleich mit der Ablöse begonnen.

Schon zur zweiten Sitzung kam er und sah nicht mehr so bedrückt wie bei seinem ersten Besuch aus. Erst dachte ich, weil er nun die Technik und auch mich kennt. Doch nach der Frage an ihn, ob er eine Veränderung verspüre, erzählte er um wie viel es ihm besser ginge als vor der ersten Sitzung. Bei jedem Besuch strahlte er mehr und mehr. Er erzählte was sich mit seiner Frau von der er schon getrennt wohnte, ergeben und verändert hat. Seine Frau war am Anfang noch skeptisch, weil er so oft versucht hat aufzuhören sie zu kontrollieren, aber immer funktionierte es nur für kurze Zeit. Er konsultierte ja schon einige Ärzte und Therapeuten deswegen.

Wir haben am 18. Oktober begonnen und am 18. November kam er zur letzten Sitzung. Mitte Jänner des folgenden Jahres schrieb ich ihm ein eMail und fragte nach, wie es ihm ginge und ob er mit seiner Frau wieder zusammenlebt. Daraufhin rief er mich an und erzählte, dass es bis zu Weihnachten gut ging. Er durfte sogar zu Weihnachten bei ihr schlafen, aber anschließend machte er wieder einige „Fehler", die seiner Frau so gar nicht gefallen haben und sie deswegen wieder auf Distanz mit ihm ging. Ich lud ihn zu einer kostenlosen Nacharbeit ein.

Bei der Nacharbeit stellte sich heraus, dass das Thema abgelöst ist, aber es gibt etwas das den Erfolg nicht zulässt. Also fragte ich das Unterbewusstsein, ob wir einen Text austesten dürfen, der uns sagt, was der Grund dafür ist. Es hat sich herausgestellt, dass er Vitaminkapseln einnimmt. Erst dachte ich: „Was können Vitaminkapseln schaden?" Doch dann fand ich die Erklärung, nachdem ich ihn fragte aus welchen Vitaminen die Kapseln bestehen. Es waren „Managerkapseln" die ihm seine Frau ohne ärztliche Absprache vor Monaten gekauft hatte.

„Managerkapsel". Was macht einen „Manager" aus? Härte und Kontrolle! Härte statt Wärme bzw. weich sein. Kontrolle statt Vertrauen und sachliches Reden. Das sind alles Eigenschaften, die für einen Manager wichtig sind, aber nicht für seine Frau.

Beiden war uns klar, dass dadurch der Erfolg blockiert wird. Nun testeten wir aus, ob er sofort aufhören darf oder langsam absetzen sollte. Es sollte langsam sein und nach zwei Wochen beendet werden.

Wieder einmal dankte ich dem was ich Gott nenne für seine Hilfe und dass er uns das wunderbare Unterbewusstsein gegeben hat. Wunderbar, weil bei diesem Mann mit Hilfe des Unterbewusstseins so etwas geschehen ist, das in der Bibel als Wunder beschrieben würde.

Kinderehe

Eine Frau mit einundvierzig Jahren litt sehr darunter, dass sie seit zwanzig Jahren von einem Mann nicht los kommt, obwohl er keine eheähnliche Beziehung will, sondern nur Freundschaft pflegt. Sie ist aber auch der Meinung, dass sie ihn gar nicht näher an sich heranlassen möchte. So geht es ihr auch mit anderen Männern, die sie noch nicht so lange kennt. „Ich halte diese zwiespältigen Gefühle nicht mehr aus. Ich bin schon ganz krank davon." erklärte sie mir. Wir führten eine Blockadenablöse durch, wovon sie drei Sitzungen brauchte und wir sechs Blockaden ablösten.

Das hervorragendste Erlebnis hatte sie im 8. Lebensjahr. Als ich sie fragte, ob sie sich an etwas in dieser Zeit erinnern könnte, verneinte sie es. Somit fragte ich ihr Unterbewusstsein ab, ob es wichtig ist, zu wissen was da war. Wenn ich diese Fragen stelle, kommt meistens die Antwort vom Unterbewusstsein: „Nein." Dieses Mal aber kam ein „Ja". Es stellte sich heraus, dass ein Bub daran beteiligt war. Ich fragte so lange ab, bis wir in die Verwandtschaft kamen. Da hatte sie auf einmal eine Erinnerung und erzählte: „Ich habe in diesem Alter meinen Cousin geheiratet. Meine Schwester und eine Freundin waren auch dabei." Sie hatten „heiraten" gespielt, wie das oft Kinder spielen. Im Unterbewusstsein dieser Frau hatte sich damals festgesetzt, dass sie verheiratet ist und treu sein muss. Schon das zu erfahren war eine riesige Erleichterung für die Frau. Dann führten wir noch die Ablöse durch.

Kurze Zeit danach rief sie mich an und erzählte, wie wunderbar es ihr auf einmal ginge. Ihre Gefühle haben sich komplett geändert und sie hat eine Leichtigkeit, wie sie es viele Jahre nicht kannte.

Marmorgugelhupf

Ich hatte seit über zwanzig Jahren keinen Marmorgugelhupf gebacken. Meine beiden Töchter waren inzwischen erwachsen geworden und sind auf ihr Gewicht bedacht und ich hatte sowieso seit einem Unfall 1988 Gewichtsprobleme. Einige Zeit nachdem ich mit der Ausbildung für Systemaufstellung fertig war, organisierte ich Aufstellungsabende. Dafür bereitete ich einen kleinen Imbiss vor, wobei ich auch immer zwei oder drei verschiedene Kuchen gebacken habe. Einmal blieb unter anderem ein halber Marmorgugelhupf über. Ich hatte ihn nach dem Rezept meiner Mutter gebacken. Er war saftig und sehr gut. Als die Leute weg waren habe ich die übriggebliebene Hälfte eingefroren. Am nächsten Tag holte ich mir aber scheibchenweise den gefrorenen Gugelhupf aus dem Tiefkühlschrank. Da dachte ich plötzlich, damit das so nicht weitergeht löse ich dieses Thema das dahintersteht ab. Ich schaffte es nicht alleine, daher stand einige Tage später meine Tochter als Stellvertreterin. Auch da funktionierte es nicht, darum habe ich abgefragt, ob wir einen Text austesten dürfen, der mir sagt, weshalb ich es nicht ablösen kann. Wir durften. In dem Text den wir ausgetestet hatten stand, dass ich nicht verzichten muss, sondern nur maßvoll sein soll, da spürte ich wie es klick in mir gemacht hat. Ich hatte nämlich die ganze Zeit gedacht: „Jetzt bin ich draufgekommen wie gut selbstgebackener Kuchen schmeckt und schon muss ich wieder darauf verzichten." Nun durften wir es ablösen. Seither stört mich ein eingefrorener Kuchen nicht mehr. Es ist wunderbar, nicht getrieben zu werden etwas zu tun was ich nicht will, nämlich – Kuchen essen.

SMS an Lehrerin
Nicht alles ist nach Ablösen perfekt, wenn man nicht verantwortungsvoll damit umgeht, wie Sie am Beispiel von Clemens (der Name ist geändert), sehen können. Einige Wochen vor seinem vierzehnten. Geburtstag brachte ihn seine Mutter zu einer Ablöse von Lernblockaden und Konzentrationsschwäche zu mir. Damals konnte er keinen Satz einwandfrei lesen. Bei den Texten die er zu lesen hatte, musste ich ihm sehr oft helfen. Er brauchte drei Sitzungen. In der Zeit der drei Sitzungen merkte ich, dass Clemens nicht nur beim Lernen blockiert war, sondern sein ganzes Wesen war blockiert. Daraufhin sprach ich mit seiner Mutter, die mir erzählte, dass sie bei Clemens in der Kindergartenzeit merkte, dass er sich nicht wie andere Gleichaltrige entwickelte. Weiters erzählte sie mir, was sie schon alles unternommen hatte, doch niemand, weder ein Arzt, noch ein Therapeut konnte dem Buben helfen. Die Mutter und ich haben dann ausgetestet, ob wir Clemens mit Blockadenablöse helfen können, sich zu seinem höchsten Wohle zu entwickeln. Es wurde bejaht und es durfte auch die Mutter als Stellvertreterin für ihn stehen. Dadurch musste die Mutter nicht von der Arbeit in Wien nach Niederösterreich fahren, um den Jungen zu holen, sondern konnte gleich von der Arbeit zu mir kommen. Vor der ersten Sitzung sprach die Mutter mit Clemens darüber und auch er war mit dieser Lösung einverstanden. Er brauchte einige Sitzungen. Seine Oma erzählte mir später, dass er nach der ersten Sitzung jubelnd ausrief: „Dass das so schnell wirkt, habe ich mir nicht gedacht." Während der Sitzungen kam des Öfteren der Text:
„Ideen beginnen zu fließen.
Fange nicht zu viel auf einmal an, du könntest sonst deine Kräfte verzetteln.
„Drei" steht für nachlassenden Druck, mehr Humor und geistige Beweglichkeit.

Zeit, an deine kreativen Möglichkeiten zu denken, eine Wahl zu treffen und dich zu fokussieren.
Sei achtsam in Details und kümmere dich stets nur um Eines zu seiner Zeit.
Sei nicht übermütig, weder in finanziellen Dingen, noch in Beziehungen, die dir wichtig sind.
Handle nicht zu schnell, denn du musst erst das Gesamtbild sehen.
Nimm dir also die Zeit, die Dinge von Anfang bis zu ihren möglichen Konsequenzen durchzudenken.
Habe Geduld und behalte einen klaren Fokus, dann wird sich das „Glück" einstellen."

Die Mutter von Clemens und ich sprachen darüber. Ich trug der Mutter auf, auf Clemens zu achten, dass er seine frei gewordene Energie, nicht in zu viele Aktivitäten einsetzt. Ich kam nicht auf die Idee dass er sie so einsetzen könnte, wie er es gemacht hat. Er schickte der Klassenlehrerin, von der er sich immer benachteiligt bzw. nicht angenommen fühlte, per SMS eine nackte Frau. Diese war zwar nur von hinten zu sehen, aber nun war das Chaos perfekt. Die Mutter musste erst zur Klassenlehrerin und anschließend zum Direktor. Es wurde ihr angedroht, dass Clemens für einige Wochen ihn ein Heim kommen sollte.

Was war bei dem Jungen, der sich vorher sehr zurückgezogen hatte geschehen, dass er so reagierte? Wir hatten doch die Blockaden „zu seinem höchsten Wohle„ abgelöst. Mir wurde bewusst, dass der Sprung vom eingeschränkten Kind zum Jungen in der Pubertät sehr schnell erfolgt ist. Vielleicht zu schnell? Oder war es zu seinem höchsten Wohl, dass er die Erfahrung mit der Lehrerin und Allem was damit verbunden war machen musste, um erwachsen zu werden und zu erkennen, was richtig und was falsch ist? Wir testeten wieder. Dabei stellte sich heraus, dass er Ablöse brauchte, um „so ein Mann werden zu können, auf den er stolz sein kann".

Wohlgemerkt, es geht nicht um das Wohl der Mutter oder der Lehrerin, sondern um das Wohl von Clemens. Dafür musste er aber wieder selber bei der Ablöse dabei sein. Schon bei der ersten Sitzung zu diesem Thema merkte ich, wie sehr er verändert war, seit der Ablöse von Lernblockaden und Konzentrationsschwäche. Er las fehlerlos jeden Text. Es war eine Freude, den Unterschied zu merken. Die Lehrerin merkte ihn allerdings nicht. Was mich sehr betroffen macht, da sie doch eine Pädagogin ist und die Veränderungen eines Kindes merken müsste – wenn sie nicht wie bei Clemens Vorurteile hätte.

Bandscheibenvorfall

Ich hatte schon einige Bandscheibenvorfälle, mit einem war ich im Krankenhaus. Nach der Behandlung im Krankenhaus, rieß es mir einige Wochen lang des Öfteren den rechten Arm in die Höhe. Das war sehr unangenehm, besonders wenn es jemand sehen konnte.

Als ich einige Jahre später wieder einen Bandscheibenvorfall hatte, wollte ich damit nicht ins Krankenhaus. Ich testete aus, ob Blockaden dahinterstehen und ob ich sie selber ablösen darf. Auf beide Fragen bekam ich ein „Ja", also führte ich die Ablöse durch. Als ich fertig war hatte ich keine Schmerzen mehr, blieb auch bis heute schmerzfrei und ohne einen weiteren Bandscheibenvorfall, obwohl inzwischen etwa fünf Jahre vergangen sind.

Ein unbeschriebenes Blatt

Nach der Ablöse von Lernblockaden bei einem Buben, stellte sich der erwünschte Erfolg nicht ein. Bei der Nacharbeit die ich kostenlos anbiete, sollten wir einen Text auf Seite 136 in einem Buch ansehen. Es war der Hinweis auf ein anderes Buch, nämlich: „Das ist Yoga". Im Buch: „Das ist Yoga" sollte es wieder die Seite 136 sein. Während ich die betreffende Seite suchte, sagten der Junge und ich zur gleichen Zeit: „Das wird eine leere Seite sein". Wir lachten beide, weil es auch so war. Nun, was sollte uns die leere Seite sagen? Er hatte keine Idee. Ich überlegte: Eine leere Seite – ein unbeschriebenes Blatt – was bedeutet der Ausspruch: „Wie ein unbeschriebenes Blatt"? – Unschuld – unschuldig – ohne Verantwortung! Dann wusste ich worum es ging. Wir hatten zwar die Blockaden abgelöst, aber es gab einen Grund, den den Erfolg nicht zugelassen hat und zwar:

Wenn ein Kind keine Freude am Lernen hat, kann durchaus der Grund dafür sein, dass es aus welchen Gründen auch immer, keine Verantwortung für sein eigenes Leben übernehmen möchte. Das wurde uns beiden durch das leere Blatt bewusst. Das haben wir mit einer Korrektur ausgeglichen.

Aura-Technik

Eine andere Form humanenergetischer Methoden mit denen ich arbeite ist die Auratechnik. Unsere Trainerin, eine deutsche Ärztin die das Konzept entwickelt hat, nannte diese Ausbildung: „Aurachirurgie". Die Bezeichnung „Chirurgie" ist in Österreich nur Ärzten vorbehalten, daher nenne ich sie: „Auratechnik". Dabei wird in der Energie gearbeitet, wie das Wort schon sagt: Aura.

Aus Wikipedia:
„*Aura (griech. αύρα, ávra – die Aura, der Hauch, Lufthauch') steht für:*
- Aura, griechische Göttin der Morgenbrise
- ein Begriff aus esoterischen Lehren für eine wahrnehmbare Ausstrahlung"

Was sind „Sindsie"?

Heute weiß ich nicht mehr, welches Problem meine Tochter hatte, weshalb sie wollte dass ich bei ihr Auratechnik anwende. Wir testeten aus was sie brauchte. Es war, „alte Muster abschneiden". Der Ablauf dieser Handlung ist wie eine Operation, für die ich die Vorbereitungen wie eine Krankenschwester durchführen muss. Wenn dann die „geistigen" Ärzte operieren, stehe ich etwas abseits. Wenn sie fertig sind, nehme ich meine Tätigkeit wieder auf. Als ich dieses Mal mit der Handlung fertig war, musste ich mich auf den Boden setzen und warten. Ich dachte nach, weshalb ich das tun muss und hatte das Gefühl als musste meine Tochter erst von der Narkose aufwachen. Dann standen wir beide zur gleichen Zeit auf und meine Tochter fragte: „Mama was sind „Sindsie"?

Ich fragte: „Hast Du vergessen, was Sindsie sind?" Nein meinte sie: „Ich weiß nur nicht mehr woher der Name kommt. Als ich hier am Massagetisch gelegen bin, wurde mir bewusst, ich habe so vieles aus meiner Kindheit vergessen." Nun erzählte ich ihr, wie es zu diesem Namen gekommen ist. Wir lebten einige Zeit in Bad Gastein und betrieben ein kleines Restaurant. Im Sommer war der Sohn einer Schulfreundin als Ferialpraktikant bei uns. Nachdem er nicht das helfen konnte was seine Mutter versprochen hatte und uns nur von der Arbeit abgehalten hat, habe ich ihn einmal in den Garten um Ribisel geschickt. Er fand sie nicht, deshalb nahm ich meine damals dreijährige Tochter auf den Arm und ging mit dem jungen Mann zu den Ribiselsträuchern. Dort angekommen sagt ich zu ihm: „Da sind sie:" Einige Tage später wollte meine Tochter Sindsie haben. Wir wussten natürlich nicht was sie meinte, bis mir einfiel, sie konnte nur die Ribisel meinen. Das war auch so. Seither wurden die Ribisel nur mehr Sindsie genannt.

Meine Tochter und ich haben uns anschließend mit unserer Vergangenheit auseinandergesetzt. Wie sie mir einige Zeit nachher erzählte, hat sich bei ihr dadurch das Problem weswegen wir dieses Ritual machten, erledigt.

Zwerge in die Gondel

Meine jüngere Tochter war oft schwermütig. Nach meiner Ausbildung zur Humanenergetikerin bat sie mich, bei ihr Auratechniken anzuwenden. Ich testete aus, was ich für ihr höchstes Wohl tun darf. Dieses Mal war die Aufgabe, Fremdenergien wegzuschicken. Es waren nur gutmütige, keine bösartigen und ich schickte sie mit einer goldenen Gondel dorthin, wo es ihnen gut geht und sie eine Aufgabe haben werden. Als ich fertig war, erzählte ich meiner Tochter: „Das waren so viele kleine lustige Leute, nur einige große. Sie waren fröhlich, purzelten in die Gondel und winkten lachend zurück. Es waren so viele, ich konnte sie gar nicht alle auf einmal wegschicken. Wir müssen in einigen Tagen den Rest wegschicken."

Meine Tochter sagte spontan: „Na die Zwerge." Als sie ein Kleinkind war, war sie öfter alleine in ihrem Zimmer und spielte. Ich musste damals viel arbeiten, lief aber sehr oft in den zweiten Stock unseres Hauses, um bei ihr zu sein. Trotzdem war sie einsam und holte sich die Zwerge als Spielgefährten, wie man es ja von Kindern kennt. Mit der Zeit wurden ihr aber die Zwerge zu schwer, sie hatte sie jahrelang mitgeschleppt. Sie war anschließend sehr erleichtert, das wirkte sich auf ihr ganzes Gemüt aus.

Eifersüchtig auf Begleiterin

Bei einer Frau die ich etwa fünfzehn Jahre lang kenne, haben wir die Blockaden welche Depressionen verursacht haben, abgelöst. Sie war vorher schon bei Ärzten und Psychotherapeuten, doch die Depressionen waren immer noch fast unerträglich für sie. Etwa zwei Wochen nach der Ablöse bat sie mich um eine kostenlose Nacharbeit. Bevor sie kam, nahm ich wahr woran es lag, dass der Erfolg nicht eingetreten ist. Die Depressionen wurden zwar leichter, aber sie waren immer noch belastend.

Als sie dann hier war lief die Sitzung folgendermaßen ab. Erst fragte ich das Unterbewusstsein, ob die Blockaden abgelöst sind, da hieß es Ja. Wir testeten also, ob das was ich fühle der Grund ist, da hieß es auch Ja. Dann fragte ich, ob ich mit ihr darüber sprechen soll bzw. ob es zu ihrem höchsten Wohl ist, wenn wir einen Text austesten der ihr sagt, worum es geht. Ich sollte mit ihr darüber reden.

Wir beide sind im selben Jahr geboren, wir beide Frauen sind Wassermänner. Seit wir uns kennen haben wir gemeinsam Ausflüge gemacht und uns über unsere Anliegen ausgetauscht. Als sie vor zehn Jahren ihren um fünfzehn Jahre jüngeren Mann kennen und lieben lernte, wollte sie öfter mit ihm Schluss machen. Immer wieder hatte sie wegen irgendwelcher Eigenschaften von ihm die Ängste, dass es der Altersunterschied sein könnte und dass das nicht gutgehen kann. Jedes Mal konnte ich ihr ihre Zweifel nehmen und inzwischen leben sie seit zehn Jahren glücklich und zufrieden miteinander. Kürzlich sagte er wieder zu mir, dass seine Frau das wertvollste in seinem Leben ist. Für mich hat sie seither wenig Zeit was mir nichts ausmacht, mir ist es wichtig, dass die zwei harmonisch miteinander wohnen können. Das musste ich jetzt erklären, damit sie verstehen, weshalb ich so mit ihr gesprochen habe.

Ich fragte: „Kannst du dir vorstellen, dass du auf mich eifersüchtig bist?" Das konnte sie nicht. Daraufhin erklärte ich ihr: „Du hast keinen Grund auf mich eifersüchtig zu sein, denn: Du hast einen Mann und ich nicht, du bist schlank und ich nicht, du hast ein Auto und ich nicht. Ich bin auch überzeugt, dass du höhere Einnahmen hast wie ich. Also, es gibt keinen Grund auf mich eifersüchtig zu sein." Daraufhin war sie einige Minuten still, dann sagte sie erleichtert: „Jetzt weiß ich, warum ich meine Schwägerin nicht mag. Sie vertritt bei meinem Mann die Mutterstelle, aber deswegen nimmt sie mir doch nichts weg." Ihre Schwägerin war wesentlich älter als der Mann meiner Bekannten, daher konnte sie für ihren Bruder die Fürsorge übernehmen. Er war erst vierzehn Jahre alt, als die Mutter der beiden starb.

SPIRITUALITÄT

Der 6. Sinn
Am Anfang war das Wort. Setzen wir uns also mit dem Wort „Spiritualität" erst einmal auseinander. Bei Wikipedia steht unter:

SPIRITUALISMUS (lat. Spiritus „Geist"),
Philosophisch: die Auffassung, dass alles Wirkliche Geist ist und die Materie nur eine Erscheinungsform des Geistes sei.
Gegensatz; „Materialismus"

SPIRITUELL (lat.), geistig, übersinnlich.

SPIRITUS (lat.)
Hauch, Atem, Geist; Spiritus sanctus = Hl. Geist; Spiritus rector = führender Geist, treibende Kraft.
Bezeichnung für Alkohol, besonders in dessen durch Zusätze ungenießbar gemachtem Zustand (Brenn-Spiritus, Hartspiritus.)
Spiritualität meint also: die „Wahrnehmung des Geistes", des „Über-Sinn-lichen.

Spiritualität ist also das, was wir mit den uns schon bekannten fünf Sinnen nicht wahrnehmen – deswegen oft nicht als die „Wahrheit" annehmen. Wir können das Übersinnliche, mit dem sogenannten sechsten Sinn wahrnehmen. Er ist ein von Forschern noch nicht nachgewiesener Sinn, trotzdem aber existierend.

Viele Menschen verwechseln Spiritualität mit Religiosität oder sie vermischen die beiden Qualitäten.
Spiritualität ist die Wahrnehmung der direkten Verbindung - Mensch und Gott, dem ganzen Universum. Gott hat jedem Menschen Selbst-Verantwortung übergeben. Gott gibt auch jedem Menschen persönliche Weisungen.

Religiosität ist, wenn jemand es als die Wahrheit annimmt, was Vertreter von Religionen empfehlen, ja sogar vorschreiben und teilweise bestimmen, was andere Menschen glauben oder tun müssen um in den Himmel oder ins Nirvana zu kommen und diese es glauben, weil sie selber Gott nicht wahrnehmen.

Niemand kann sich vor Gott der Verantwortung für sein Handeln und Tun entziehen und keine Obrigkeit einer Religion kann für einen anderen Menschen die Verantwortung vor Gott übernehmen.

Bei Gesprächen über Sterben und Tod ist auch für Menschen welche vorher behaupteten, dass es Gott nicht gibt, Spiritualität die wichtigste Grundlage.

Kennen sie den Zustand den Friedrich Hölderlin so beschreibt: *„Eines zu sein mit allem, das ist das Leben der Götter, das ist der Himmel der Menschen"*?

Fünfzig Jahre musste ich alt werden, um Augenblicke solcher Seligkeit zu erfahren. Inzwischen habe ich gelernt, diese Momente länger wahrzunehmen, aber steuern oder herbeiführen kann ich sie trotzdem nicht und diese Momente gehen bei mir nicht über „Augenblicke" hinaus. In der Meditation allerdings bin ich oft für lange Zeit, voller Demut, Hingabe und Liebe. Dabei habe ich das Gefühl: "Wenn ich noch mehr liebe, löse ich mich auf." So stelle ich mir Gott vor. Weil er pure Liebe ist, kann man ihn nicht begreifen, nicht angreifen. Aber kein Mensch kann sich in oder aus Liebe auflösen. Wahrscheinlich kann ich deswegen nicht „mehr lieben", damit ich mich eben nicht auflöse. Doch das nenne ich nicht „eines zu sein mit allem", sondern, „verbunden zu sein - Harmonie mit allem." Diese Gefühle in der Meditation sind ganz anders, wie die Zeit der

Nahtoderlebnisse oder in den Augenblicken der Seligkeit.

Bei einer Gesprächsrunde meinte einmal ein Mann: „Eigentlich hat uns Jesus belogen. Er hat uns den Himmel auf Erden versprochen." Dieser Mann aus der Gesprächsrunde hat nicht wahrgenommen, dass wir wohl den Himmel auf Erden haben würden, würden wir die Empfehlungen Jesus befolgen.

Trotzdem bliebe noch das Leid, welches durch Krankheiten ausgelöst wird. Wahrscheinlich weniger wie bei einem Leben nach Jesu Vorbild, weil es meistens die Seele ist, die Krankheiten auslöst. „Je mehr Harmonie in Körper, Geist und Seele, desto weniger Krankheiten und Leid."

Über den Tod zum Frieden auf der Welt
Es war eine Unbedachtsamkeit einiger Friedensfreunde am Hiroshimatag, durch die mir bewusst wurde, dass mein Weg den Frieden hinauszutragen über den „Umgang mit dem Tod" sein sollte. Auch sah ich so klar wie noch nie, dass das wichtigste Ereignis in unserem Leben, das Sterben ist. Die Geburt ist nötig, um überhaupt in das Leben einzutreten. Dann kommen viele schöne und weniger schöne, viele schwere und weniger schwere Erfahrungen. Der Abschluss unseres Lebens ist der Tod, dem meistens das Sterben vorangeht, der, wie ich meine, der wichtigste Abschnitt in unserem Dasein auf dieser Erde ist. Ein plötzlicher Tod, den sich viele Menschen wünschen, ist meiner Meinung nur für Menschen gut, die ihr Leben so gelebt haben, dass nichts offen bleibt, wenn sie sterben. Mir ist jedoch schon bewusst, dass mit dem Moment der Geburt das Sterben beginnt.

WER BEWUSST UND LIEBEVOLL MIT DEM TOD UMGEHT, GEHT AUCH BEWUSST UND LIEBEVOLL MIT DEM LEBEN UM
So meine Vision.

1. Bewusst nicht nur mit der Natur, sondern mit jedem Leben von Mensch und Tier. Mit allen Menschen - das bedeutet „FRIEDEN".

2. Den Tod annehmen heißt, sich mit Gott VERSÖHNEN. Wenn man es genau nimmt, Gott VERZEIHEN, dass er uns ein oft schweres Leben auferlegt. Aber auch die Angst vor dem Tod und was danach kommt. „VERSÖHNUNG" IST WIEDERUM „FRIEDEN".

3. Uns selber VERZEIHEN, dass wir Fehler in unserem Leben gemacht haben und wahrscheinlich noch machen werden. „VERZEIHUNG" BRINGT „FRIEDEN".

Mit dem bewusst erlebten Sterben, will ich den Frieden verkünden.

Jeder Mensch trägt unbewusst den Frieden in sich, aber die Gestaltung seines Lebens macht es möglich, den Frieden auch auszuleben.

Vielen Menschen wird dieses jedoch erst dann bewusst, wenn der Tod an ihre Tür klopft. Würden alle gesunden und lebensfrohen Menschen so leben als wäre es ihr letzter Tag, wer würde da noch kämpfen wollen? Also gehört es zu meinen Aufgaben, Menschen auf den Tod vorzubereiten. Damit meine ich ganz sicher nicht missionieren. Ich möchte es mit einem Ballspiel vergleichen. Es wird Menschen geben die den Ball nicht beachten oder übersehen, andere werden mit Absicht wegsehen und weghören. Doch es wird immer mehr Menschen geben, die den Ball auffangen und weitergeben. So wie die Bälle alle rund sind, aber nicht gleich gefärbt sind, so erwartet jeden Menschen der Tod. Doch kein Mensch stirbt wie der andere. Hoffentlich kann ich viele Menschen zum Ballspielen animieren.

Bei der Begleitung von Menschen die schon dem Tod geweiht sind, merke ich immer wieder, dass ihnen der Friede in ihrem ganzen Leben nicht so wichtig war, wie beim Sterben. Fast jeder will vorm Sterben noch Frieden schließen, verzeihen, wenn er bis dahin nicht verziehen hat, oder um Verzeihung bitten.

Wie war das doch mit mir, als mir bei einem Unfall bewusst wurde, dass ich wieder ins Leben eingetreten bin, jedoch an der Schwelle des Todes lag und nicht wusste, was ich zu tun habe, wenn ich sterbe. Meine Gedanken waren: „Alle, die ich verletzt habe, verzeiht mir bitte." Das heißt, ich habe mit allen Menschen Frieden geschlossen - an der Schwelle zum Jenseits.

Jedoch habe ich schon seit Jahren vorher mit dem Tod vor Augen gelebt.
Noch etwas fällt mir ein, es gibt kaum eine Pate oder einen Grabstein, wo nicht das Wort „Friede" aufscheint:

RUHE IN FRIEDEN

Wortlose Kommunikation

Zur Begleitung gehört es oft, zu ge-leiten. „Tausend Engel mögen dich geleiten", heißt es in einem Lied. „Leiten" ist gleichbedeutend wie „führen" oder „lenken", ohne Gewalt dabei auszuüben. Dazu braucht man ganz sicher viel Einfühlungsvermögen, um eine Situation oder einen Zustand mit den Augen des anderen betrachten zu können.

Begleitung ist eine geistige, spirituelle Handlung. Körpersprache und Telepathie ist oft die Verständigungsform zwischen dem Begleiter und dem Menschen, welchen wir begleiten.

Ich war neunundzwanzig Jahre alt, als mein Schwiegervater einen Schlaganfall erlitten hatte und auf die Baumgartner Höhe eingeliefert wurde. Gegen Mitternacht wurden wir ins Krankenhaus gerufen. Es wurde uns gesagt, dass mein Schwiegervater vielleicht den Morgen nicht mehr erleben würde. Ein Freund, der gerade auf Besuch bei uns war, kam mit.

Als wir zum Bett meines Schwiegervaters kamen, war dieser ganz blau im Gesicht. Die Männer liefen gleich, um einen Arzt oder eine Schwester zu suchen. Ich konnte jedoch nicht dabei stehen und zusehen wie mein Schwiegervater ersticken würde. Er hatte den Sauerstoffschlauch im Mund, also konnte da etwas nicht stimmen. Ich zog den Sauerstoffschlauch aus dem Mund meines Schwiegervaters und griff mit den Fingern hinein um zu fühlen, warum er keine oder zu wenig Luft bekäme. Sein Gebiss hatte sich gelöst, lag quer im Mund, daher war der Schlauch nicht ganz dort wo er sein sollte. Logischerweise nahm ich das Gebiss heraus und steckte den Sauerstoffschlauch wieder in den Mund meines Schwiegervaters. Sein Gesicht bekam wieder Farbe und er atmete richtig.

Ich besuchte zu dieser Zeit gerade den Bilanzbuchhalterkurs, hatte ein Kleinkind und einen Mann, der für die Arbeit zwei linke Hände hatte, sodass er sich nicht einmal ein Kaffeehäferl abwaschen konnte. Also blieb der ganze Haushalt für mich. Tagsüber arbeitete ich als Berufsanwärterin bei einem Steuerberater. Trotzdem nahm ich mir die Zeit und fuhr jeden zweiten Tag ins Krankenhaus. Oft war es schon spät, weil ich nach der Arbeit mein Kind versorgen musste und dreimal die Woche vom Kurs kam.

Die Krankenschwestern hielten mir die Tür offen, damit ich hinein konnte und das vor fast vierzig Jahren, zu einer Zeit, in der man mit der Besuchszeit noch nicht so großzügig umgegangen ist. Heute denke ich, es waren vielleicht die Schuldgefühle wegen des Sauerstoffschlauchs, was ich ihnen nie angekreidet habe. Damals dachte ich aber, weil ich ihnen Arbeit abgenommen habe. Mein Schwiegervater musste wochenlang mit dem Löffel gefüttert werden. Ich nahm ihm bei jedem Besuch die Zähne aus dem Mund, er bekam inzwischen keinen Sauerstoff mehr, und putzte sie. Zweimal in der Woche rasierte ich ihn.

Obwohl er nicht sprechen konnte, unterhielten wir uns und zwar auf folgende Weise: Ich fühlte mich in ihn hinein. Er sprach mit den Augen und dem Körper, ich mit dem Mund. Was ich glaubte, in seinen Augen und der Ausstrahlung seines Körpers (die Körpersprache vermittelt die Wahrheit, mit dem Mund wird ja sehr oft gelogen) zu verstehen, sprach ich aus. Manches Mal war es nicht richtig, was ich fühlte, weil er es verneinte, aber meistens spürte ich, was er gerne aussprechen würde, denn er nickte dazu.

Man könnte selbstverständlich auch mit Händedrücken arbeiten. Ich glaube man kann sich vorstellen, wie erleichtert ich war, als es meinem Schwiegervater besser ging und er zwar langsam, aber doch wieder sprechen und alleine essen konnte. Ich besuchte ihn dann nicht mehr so oft. Das gefiel ihm gar nicht.

Eines Tages wurde ich vom Allgemeinen Krankenhaus angerufen, dass mich mein Schwiegervater ersucht, gleich ins Krankenhaus zu kommen. Also machte ich das auch, fragte aber, bevor ich zu ihm ins Zimmer ging einen Arzt, warum er jetzt im AKH sei. Mein Schwiegervater dürfte es nicht vertragen haben, dass ich mich nicht mehr so viel um ihn sorgte und sagte beim Essen, er hatte das Messer in der Hand: „Am besten wäre es, man würde sich die Pulsader aufschneiden". Na, da wurde er doch sofort in die Psychiatrie gebracht.

Lachend ging ich dann in das Zimmer meines Schwiegervaters, er selber war ein sehr fröhlicher und gutherziger Mensch und begrüßte ihn mit den Worten: „Das hast du nun davon." „Ich habe es doch nicht ernst gemeint", war seine Antwort. Schwer konnte er es akzeptieren, dass die Krankenschwestern auf der Baumgartner Höhe nicht die Verantwortung tragen konnten. Nach so einer Aussage mussten sie eine Meldung machen. Ich glaube dieses ereignete sich drei Tage, bevor er von der Baumgartner Höhe entlassen worden wäre. Mein ganzes Verhandeln mit den Ärzten half nichts. Er musste vierzehn Tage zur Beobachtung in der psychiatrischen Abteilung bleiben, was ich doch sehr gut verstehen konnte.

Der Kirschbaum

Fragen sie mich nicht warum, ich weiß es nämlich selber nicht, weshalb ich einmal das Weihnachtsfest mit den Kirschblüten in Verbindung brachte. Eine Meditation war der zündende Funke. Heinrich Waggerl würde so beginnen. Und es begab sich......

Der Christ - Baum ist keine Erfindung der Christen. Schon die Kelten banden Bänder als Schmuck an die Zweige eines Baumes. Nicht unbedingt an einen Kirschbaum, aber auch nicht unbedingt an einen Nadelbaum. Das kam nur daher, weil bei uns zur Weihnachtszeit nur Nadelbäume grün sind.

Nun war ich beim Baum gelandet und von da war es nicht mehr weit zu Jesus. Bei seiner Geburt war er einer Kirschblüte gleich. So zart wie die Farben der Kirschblüten und die Blätter der Kirschblüten selbst, so zart und zärtlich war das neugeborene Kind. Wenn im Frühling die Kirschbäume blühen, öffnet sich beim Anblick des weißen Meeres von Blüten mein und ich glaube, auch das Herz vieler Menschen weit auf. Ein Strahlen geht von den mit Blüten übersäten Bäumen aus und reicht von einem auf einem Hügel stehenden Kirschbaum weit in das Land. Doch die Schönheit der Blüten vergeht. Es folgt die Zeit des Wachstums und der Reifung, mit immerwährenden Gefahren. Stürmen, Dürre und Regen, Käfer und Maden setzen den Blüten zu. Doch wenn aus den zarten Blüten rote Kirschen geworden sind, leuchten diese wieder soweit das Auge reicht. Sie bewirken wieder etwas Besonderes in uns. Wenn wir die roten Kirschen in den Körben sehen, haben die meisten von uns den Wunsch, sie in die Hand zu nehmen, sie zu essen. sie in uns aufzunehmen. Nach meiner Meinung ist das Begehren nach den roten Kirschen stärker als nach einem Apfel.

Vom Kind in der Krippe bis zu Jesus am Kreuz liegt auch der Weg der Gefahren und der Reifung.

So strahlend wie das rosa-weiße Blütenmeer, ist das Strahlen eines gesunden Babys - so auch das des Jesuskindes. Die Jahre der Reifung Jesu vergehen ohne Besonderheiten, außer der einen, als er den Eltern verlorenging. Doch in seiner vollen Reife beginnt sein Wirken. Sein Tod ist der Höhepunkt seines Lebens und leuchtet uns bis heute auf unserem eigenen Weg durchs Leben. Sein Tod war es, der die Menschen auf ihn aufmerksam machte. Ich glaube, wenn er nicht auf diese Weise gestorben wäre und wenn Gott ihn nicht wieder zum Leben auferweckt hätte, gebe es wahrscheinlich kein Christentum und kein Weihnachten. So rot und leuchtend wie die reifen Kirschen, war das Blut, das er vergossen hat. Doch zu Weihnachten ist er noch wie eine Kirschblüte.

Chrisammesse

Aus Wikipedia, der freien Enzyklopädie:
Chrisam *(von griech. ich salbe; davon abgeleitet chrisma (Salböl) und christos (der Gesalbte)), vgl. Christus ist ein in der röm. kath. und altkatholischen Kirche verwendetes Salböl. Es handelt sich um Olivenöl, dem wohlriechende Balsame beigemischt sind.*

Der geistliche Sinn der Beimischung besteht darin, dass die mit Chrisam Gesalbten, die Christen, den „Wohlgeruch Christi", nämlich das Evangelium, verbreiten sollen. Man gebraucht den Chrisam für die Salbung nach der Taufe (falls sich die Firmung nicht sogleich anschließt) bei der Firmung (als ihr wesentliches Zeichen) bei der Ordination eines Priesters oder eines Bischofs (als nachrangiges Zeichen) des Altars bei seiner Weihe der Glocken bei ihrer Segnung (fakultativ).

Bei der Krankensalbung sowie der Salbung der Katechumen (während des auf die Taufe vorbereitenden Katechumenats oder, dann fakultativ, unmittelbar vor der Taufe) wird Oliven- oder anderes Pflanzenöl ohne Beimischungen verwendet (Krankenöl bzw. Katechumenöl).

Das Öl ist Sinnbild für Gesundheit, Freude, Kraft und Glück (vgl. die Psalmverse Ps 45,8). Die drei heiligen Öle werden in der Chrisammesse am Vormittag des Gründonnerstags (oder an einem früheren osternahen Tag) vom Bischof gewöhnlich in der Kathedralkirche geweiht.

Ich habe einer Chrisammesse die von Kardinal Schönborn im Stephansdom abgehalten wurde, beigewohnt. Dabei habe ich etwas sehr interessantes erlebt.

Jeweils drei Diakone trugen große Urnen mit Öl zum Altar. Der Deckel wurde abgeschraubt und der Kardinal leerte aus einem kleinen Glaskrug etwas Öl zu dem Öl in den Urnen. Dann nahm er einen langen dünnen Stab, rührte in den Urnen um, entnahm den Stab wieder, der von einem Messdiener über einem Tüchlein (wahrscheinlich damit es keine Tropfen am Boden oder der Kleidung der Priester gibt) weggetragen wurde.

Anschließend beugte der Kardinal seinen Kopf bis zur Öffnung der Gefäße. Er kreiste mit dem Kopf, als würde er eine energetische Handlung vollziehen (vielleicht sollte es kein Kreis sondern ein Kreuz sein). Ich dachte dabei: „Wenn er jetzt wirklich demütig und wahrhaftig Gott um Segen und Heilung durch das Öl bittet, wird dieses Öl ganz bestimmt eine heilende Wirkung haben."

Solch ähnliche Handlungen vollziehe ich bei einigen energetischen Methoden.

Ein Beispiel:
Eine Klientin erzählte mir, dass sie den Schmuck, den ihre Mutter zu Lebzeiten getragen hat, nicht tragen kann und verkaufen will, weil die Mutter sehr oft böse zu ihr war. Ich legte der Frau nahe, dass sie zur nächsten Sitzung den Schmuck mitbringen soll, (was sie auch getan hat) damit ich ihn „energetisieren" kann.

Ich habe den Schmuck auf einen Tisch gelegt und mit erhobenen Armen die geistigen Helfer um Hilfe und Unterstützung gebeten, und Gott um Segen. Dann habe ich mit den Händen die schlechte Energie „abgelöst", mich tief verbeugt und die Mutter Erde gebeten, diese Energie aufzunehmen und zu neutralisieren. Anschließend habe ich mit der linken Hand empfangend und mit der rechten Hand gebend, gute Energie mit Farbe in den Schmuck „eingearbeitet".

Plötzlich fühlte ich, wie der Schmuck die „Schwere verlor", eine „Leichtigkeit bekam" und Liebe ausstrahlte. Das war ein wunderbares Gefühl, auch meine Klientin konnte es wahrnehmen. Ich durfte meiner Klientin vermitteln, dass ich das Gefühl habe, dass sie ihre Mutter um Verzeihung bittet für alle Verletzungen die sie ihr zugefügt hatte, solange sie lebte. Dann habe ich allen geistigen Helfern für ihre Hilfe und Unterstützung gedankt und Gott für den Segen und dass ich sein Werkzeug sein durfte. Es war also eine zur Heilung verhelfende Handlung, die ich vollziehen durfte.

Nomen ist Omen

Bei einer zwei jährigen theologischen Ausbildung, musste jedes Mal vor Beginn des Unterrichtes von einem Teilnehmer ein Impuls eingebracht werden. Mein erster Impuls war folgender:

Nachdem am ersten Nachmittag Dr. Christiane K. gemeint hatte, auch wenn wir nicht vorhaben eine Prüfung abzulegen, sollten wir es trotzdem tun, weil wir dadurch sehen können, was wir gelernt haben, empfand ich Empörung in meinem Inneren. Für mich ist Gott nicht erlernbar, sondern fühlbar. Ich fragte daher Gott, ob es wirklich das ist, was er von mir erwartet, nämlich an diesem Kurs teilzunehmen. Um nicht zu sehr abzuschweifen, möchte ich hier nicht über die Hintergründe erzählen, weshalb ich mich zu diesem Kurs angemeldet habe und nicht schon Jahre vorher. Meine Frage hatte ich noch gar nicht ausgedacht, als mir der Bogen mit den Terminen für die Impulse in die Hand gegeben wurde, in dem mir Gott die Antwort gab und zwar so:

Bis zum heutigen Tag war jeder Tag vergeben. Der heutige Tag war frei, aber anschließend waren wieder drei Termine belegt. Heute ist der 18. Nov. und morgen feiern wir das Fest der Hl. Elisabeth. Damit war meine Frage beantwortet. Warum?

Vor ca. zwei Jahren dachte ich einmal darüber nach, wozu die Heiligen gut sind. Ich bin überzeugt, dass es Menschen gab, die Gott mehr oder besser dienlich waren als die sogenannten Heiligen, die aber nicht Heiliggesprochen wurden. In der Meditation darüber kam mir eine Erfahrung aus meiner Kindheit, die ich längst vergessen hatte, in Erinnerung.

Ich wurde auf den Namen Ilse getauft, weil eine Freundin meiner Mutter meinte, für diesen Namen gibt es keinen Schimpfnamen. Als ich einige Jahre alt war fragte ich meine Familie, warum ich keinen Namenstag habe und Geschenke bekomme, wie die anderen Geschwister oder Nachbarskinder. Mein Name steht nicht im Kalender. Meine Schwester, die sieben Jahre älter ist als ich und meine Mutter meinten, da mein zweiter Name Franziska ist, werden wir diesen Tag zu meinem Namenstag machen. Das passte mir gar nicht. Ich habe einige Jahre auf die Namenstagsgeschenke verzichtet, weil die Hl. Franziska für mich nicht relevant war. Dann erfuhr ich, Ilse ist die griechische Abkürzung für Elisabeth. Ja, die war es, die mir mein ganzes Leben lang als Vorbild dienen soll. Sie war es, mit der ich mich identifizieren konnte. Ich hatte plötzlich eine Persönlichkeit, denn ich war ihr so ähnlich. Sie ist mir bis heute ein Vorbild geblieben.

Ich wurde also nicht auf den Namen Ilse getauft, damit man mich nicht verspoten kann, sondern:
Gott hat mich beim Namen gerufen. Er hat mich gemeint als er rief:
„Ilse, Ilse! Leg deine Schuhe ab, denn der Ort wo du stehst, ist heiliger Boden."

Somit schließt sich der Kreis zum Impuls des ersten Tages, wo Frau Dr. Christiane K. gelesen hat: „Mose, Mose! Leg deine Schuhe ab, denn der Ort wo du stehst, ist heiliger Boden".

Gibt es keine Propheten mehr?
„Warum gibt es keine Propheten mehr?" Das wurde vor einigen Jahren unser Pfarrer bei der Katechese von einer Frau gefragt. Bei seiner Antwort Propheten gibt es jetzt, wie vor über 3.000 Jahren, sahen wir uns beide an und lachten.
Einige Tage vorher hatte ich deswegen eine Diskussion mit einer Freundin aus Kärnten. Die war der Meinung, Propheten seien etwas „Überdimensionales", und wer sich heute als Prophet oder Prophetin fühlt, sei überheblich.
Ich glaube, eine Prophetin oder ein Prophet ist ein demütiger und ehrfürchtiger Mensch. Er bleibt lieber im Hintergrund, das ihm aber durch seine besonderen und außergewöhnlichen Aktivitäten nicht immer gelingt.
Kürzlich war das wieder Thema bei einem Trauergespräch. Ich vertrete noch immer die Meinung, bei Propheten ist es wie bei Engel: „Sie handeln im Auftrag Gottes." Nicht, weil sich jemand bestätigen will, als wichtig erscheinen oder sich erhabener fühlen will, sondern weil er das Gefühl hat, um Gottes Willen, muss er das oder jenes machen oder sagen. Dabei wird man stark und die Ängste fallen Großteils weg. Eben aus dem Grunde, weil man sich nicht selber „hervortun" will, sondern Gott.
In jeder Religion gibt es Propheten, Meister, Seher und weise Menschen. In der Wissenschaft der Runenmeister z.B. in „Vartan - Pfad des Nordens" von Edmund & Michaela von Hollander steht:
„...Dieser göttliche Strom ist wie Wasser, das, wenn es keinen Widerstand findet, überallhin fließt. Er verbindet sich mit allem und regt alles zu neuem Leben an. Deshalb ist auch im Vatan, der hyperboreischen Lehre, der göttliche Klang der absolute Kern. Alles, was in dieser Lehre sonst noch zu finden ist, ist Nebensache, Hilfsmittel und Instrument, um mit dieser wahren Verbindung zum ES in bewussten Kontakt zu kommen. Wenn man diese Verbindung einmal erfahren hat, dann

wird alles andere unwichtig. Man tut alles, um sie zu pflegen. Nichts wird wichtiger sein, als diesen göttlichen Strom so rein und unverfälscht wie möglich wahrzunehmen, fließen zu lassen und auf alle Seinsebenen abzugeben.

Man ist zum wahren Instrument Gottes geworden und wird den Weg niemals wieder verlieren."

Macht Ihres Unterbewusstseins

Es ist ja gut und schön und er hat auch Großteils Recht mit dem, was Joseph Murphy in seinem Buch: „Die Macht Ihres Unterbewusstseins" schreibt. Ich aber glaube, das menschliche Unterbewusstsein ist der göttliche Funke in uns. Weiters glaube ich, dass niemand sinnlos auf der Welt ist, sondern dass jeder von uns Aufgaben ins Leben mitbekommen hat. Unsere Wünsche zu manifestieren ist eine Sache, den Willen Gottes zu leben, eine andere. Das heißt, für mich ist es vorstellbar, dass viele unerfüllte Wünsche zu unserem Segen beitragen. Es wäre theoretisch möglich, dass ich mir großen finanziellen Reichtum wünsche und an diesen Wunsch ganz fest glaube. Ich denke aber, Gott würde mir diesen Wunsch nicht erfüllen, weil er ganz was anderes mit mir vor hat. Ich bekäme wahrscheinlich durch finanziellen Reichtum Charakterzüge, welche nicht in das Gottesbild passen. Daher ist es immer wichtig, Gott nach seinem Willen zu fragen und unsere eigenen Wünsche dabei erstmals auszuschalten. Es ist dann wohl das Unterbewusstsein und meiner Meinung nach Gott, der uns ganz deutlich die Richtung weist. Manches Mal so deutlich, dass es auch der blindeste Mensch versteht. Dabei kommt es darauf an, ob ich dem Willen Gottes folgen oder meinen eigenen Willen durchsetzen will. Gott hat uns ja den freien Willen gelassen.

Eine Schulfreundin erzählte mir einige Male von ihrer gescheiterten Ehe und dass sie sich aber nicht scheiden lassen will. Die vier Kinder sind erwachsen und haben Familien. Sie hat einen Geliebten und ihr Mann hat eine Geliebte. Nachdem sie seit der Eheschließung nicht beruflich tätig war, musste ihr der Ehemann Unterhalt zahlen. Da er eine hohe Pension bekommt, ist auch ihr Unterhalt entsprechend hoch. Also Geldsorgen muss sie keine haben.

Als ich sie einmal fragte, ob sie schon Gott gefragt habe, was er will, hat sie mich mit großen Augen angesehen. So, als ob sie mir sagen wollte ich sei meschugge. Gott kann doch nur wollen, dass sie verheiratet bleibt und ihr einen Geliebten verbietet.
Bei meiner vorherigen Frage, ob sie ihren Mann immer noch haben will, sagte sie mir: „Ich will meinen Mann nicht verlieren, aber meinen Geliebten auch nicht."

Nun aber erklärte ich ihr, sie solle vorm Schlafengehen Gott fragen, was er von ihr erwartet. Sie sah mich ängstlich dabei an, als hätte sie Angst auf etwas verzichten zu müssen. Daher erklärte ich ihr: „Höre auf Gottes Botschaft, nachher kannst du immer noch machen was du willst."

Inzwischen sind über zehn Jahre vergangen. Sie hat Gott nicht gefragt, ist immer noch verheiratet und hat seither den dritten Geliebten.

Meine Mutter hat mir einmal erzählt, dass sie mit einer Frau gesprochen hat, welche eine gelähmte Tochter hatte. Sie musste dieser sogar Windeln geben und das Essen löffelweise verabreichen. Diese Tochter war damals ca. 20 Jahre alt. Die Frau erzählte meiner Mutter, dass sie als ihre Tochter erkrankte, Gott inbrünstig gebeten hat, ihr Kind nicht sterben zu lassen. „Nun lebt sie", endete die Frau ihre Erzählung „und ich würde mir das nie mehr im Leben wünschen".

Jesus betete am Ölberg: „Vater, lass` den Kelch an mir vorübergehen, aber nicht mein, sondern dein Wille geschehe." Dieser Satz ist es, denn ich immer wieder spreche, denke und fühle, so sehr, dass er auch in meinem Unterbewusstsein verankert ist.
Ich mache oft die Erfahrung, dass Gottes Wille nicht ident ist mit unseren Wünschen und Vorstellungen. Ich glaube, die meisten Menschen haben bestimmte

Vorstellungen von Gott oder Gottes Willen. Es bringt mich immer wieder zum Staunen, wenn ich merke, dass Gott ganz was anderes vorhat, als wir uns vorstellen können. Murphy hat schon recht, wenn er schreibt: „Sie müssen sich mit dem Guten identifizieren", trotzdem glaube ich, dass es zur Erfüllung Gottes Willen braucht. Wenn unsere Wünsche in die Evolution passen, werden sie sich erfüllen und uns glücklich machen, aber wenn Gott etwas anderes mit uns vorhat, können wir uns auf den Kopf stellen – es wird nicht passen. Wichtiger erscheint mir, dass wir lernen Gottes Willen anzunehmen. Ich habe schon viel Leid erlebt und bin jedes Mal reicher und glücklicher daraus entstiegen, weil ich es als Fingerzeig Gottes angesehen habe und sich mein Bewusstsein danach entsprechend gebildet hat.

In jeder Religion, nicht nur in der christlichen Tradition scheint die Hölle auf, oder der Hölle Vergleichbares.
Ich glaube, dass der Himmel, die Hölle u. das Fegefeuer in uns selber sind. Davon wurde ich durch die Todesnaherlebnisse bei meinem Unfall vor Jahren überzeugt. Den Himmel erfahren, werden jene Verstorbenen, welche „loslassen" können. Wer sich, aus welchen Gründen auch immer, an das Leben „klammert" wird dementsprechend Fegefeuer oder Hölle erfahren. Loslassen kann man am besten, wenn man mit dem Jenseits vor Augen lebt. Das heißt, wer glaubt nach dem Tod ist alles aus, wird mehr am Leben klammern und nicht loslassen können, wie jemand der fühlt, danach kommt etwas, was vielleicht oder für mich sicher, viel wertvoller ist, als das irdische Leben. Selbsttötung ist allerdings keine Lösung um schneller dahin zu gelangen, weil durch Selbstmord die Evolution mit dem eigenen Willen durchbrochen wird. Das würde ja wieder die Hölle bedeuten.

In Moraltheologie wurde kürzlich meine Meinung bestätigt, dass jeder Mensch Verbindung mit Gott hat.

Wir würden keinen Priester, Guru, Lama oder Papst brauchen. Unser Gewissen sagt uns, was richtig oder falsch ist. Danach sollten wir handeln. Nach dem Gewissen, nicht nach den eigenen Wünschen oder Gedanken.

Die Hl. Drei Könige - Astrologen
Wahrscheinlich geht es ihnen genauso wie mir. Immer zur Zeit der Hl. drei Könige mache ich mir Gedanken darüber, was es mit dem Stern, der die Sterndeuter den Weg bis zum Stall in dem Jesus geboren wurde führte, auf sich hat. Waren die drei Könige, weise Männer, Astrologen oder Wichtigtuer?

Vor einigen Jahren machte ich eine Erfahrung, die dazu passt. Ich musste nach Ungarn fahren und lud eine Bekannte ein mitzukommen. Während der Fahrt fragte ich so beiläufig: „Den Paß hast du mit?" Ich erwartete ein „Ja." Doch oh Schreck, sie hatte ihn zu Hause gelassen. Nicht weil sie ihn vergessen hatte, sondern weil ihr der blitzartige Gedanke kam, dass sie ihn nicht brauchen würde. Das wurde für uns am Abend Gegenstand eines langen Gespräches, das teilweise sehr lebhaft verlief.

Die Zeit war zu kurz um wieder zurück zu fahren, ich hatte nämlich einen festen Termin in Sopron. Nachdem man meine Bekannte ohne Pass nicht nach Ungarn einreisen ließ, setzte ich sie an der Grenze ab. Sie musste einige Stunden auf mich warten, was sie nicht störte, wie sie mir versicherte.

Beim gemeinsamen Abendessen kamen wir wieder darüber ins Gespräch. Meine Bekannte wiederholte, sie hätte den Pass schon in der Hand gehabt, ihn wieder weggelegt mit dem Gedanken, dass sie ihn nicht brauchen würde. Ich bin der Meinung, sie hat in diesem Moment gefühlt, dass sie nicht nach Ungarn fahren würde. Was sie nicht fühlte ist die Tatsache, dass sie wegen des fehlenden Passes nicht nach Ungarn konnte. Trotz unseres Hin und Her und der Verneinung so etwas fühlen zu können von einigen anderen Menschen die an unserem Tisch saßen, bin ich der Meinung, dass sie es voraussehen konnte. Wobei „können" nicht der richtige

Ausdruck ist, weil das kein Können sondern eine Gabe ist und kein Sehen, sondern ein Fühlen oder Wahrnehmen.
Somit sind wir bei der Fortsetzung unseres Gespräches. Ist Wahrsagerei eine Gabe oder Scharlatanerie? Beziehungsweise, ist Astrologie ein Instrument in die Zukunft zu sehen?
Die drei Könige sind aus dem Morgenland, wo immer dieses Land liegt, nach Bethlehem gekommen, weil dort ein „König" das Licht der Welt erblicken wird. Dass das Königreich „nicht von dieser Welt" sein wird, konnten sie sich wahrscheinlich gar nicht vorstellen. Wie meine Bekannte als sie den Paß wieder weglegte.

Haben es die Hl. drei Könige durch ihr astrologisches Wissen errechnet oder war es die Weisheit, die Wachsamkeit oder die göttliche Eingabe, die sie auf dem Weg bis Bethlehem führte?

Vor einigen Jahren habe ich astrologische Seminare besucht und auch Bücher darüber gelesen mit dem Gedanken: „Wenn ich die Astrologie kennen lerne, lerne ich dadurch auch Menschen besser verstehen." Ob es mir viel gebracht hat, weiß ich nicht. Doch mir ist bewusst geworden, dass die Astrologie nicht dazu dient, konkret die Zukunft eines Menschen vorauszusagen.

Die heiligen drei Könige waren meiner Meinung nach weise Männer, wahrscheinlich Astrologen und sicher nicht aus ein und demselben Land, wie auch aus ihrer Hautfarbe hervorgeht. Haben sie berechnet oder war es die göttliche Vorsehung, die sie den weiten Weg zu Fuß gehen ließ? Autos, Flugzeuge oder Eisanbahnen gab es zu dieser Zeit nicht.

Ist „Wahrsagerei" eine Gabe, die es gilt den Mitmenschen zum Wohle oder um selber Geld zu verdienen, zu vermitteln? Hier teilten sich unsere Geister gewaltig. Wahrscheinlich sind die verschiedenen Erfahrungen der Grund, verschiedene Meinungen zu haben. Ich möchte hier meine Meinung darstellen, weil wohl jeder nur für sich sprechen kann.

Seit meiner frühesten Kindheit weiß ich, dass es Telepathie gibt. Es funktioniert bei mir zumindest, nicht immer mit dem eigenen Willen, sondern - ich nenne es: „wenn Gott es will". Ich kenne auch seit meiner Jugendzeit, wie es ist, wenn „die Seele aus dem Körper tritt", dass Träume Erlebnisse schon jahrelang vorher zeigen können und Katastrophen körperlich spürbar sind. Ich habe es auch erlebt, dass eine Frau die gewerblich, das heißt ganz offiziell Wahrsagerei macht, aber auch von einer Frau die aus Liebe die Zukunft vorher sagte, alles zugetroffen ist bis jetzt, ob auch der Rest der Vorhersagen zutreffen wird, weiß ich noch nicht.

Ob es nun Gnade oder Fluch ist, weiß ich allerdings auch nicht. Ich weiß nur von mir, dass ich mich lange dagegen gewehrt habe mir die Zukunft voraussagen zu lassen, weil ich wusste, dass ich ein Medium bin und weil ich Angst davor hatte, wenn mir was Schlimmes ins Haus steht, ich jahrelang in Angst und Schrecken leben würde. Dass ich das auch getan habe, obwohl mir etwas Wunderschönes vorher gesagt wurde, ist eine andere Sache.

Ich hole euch aus den Gräbern mein Volk
Nach der Geburtstagsfeier zum 30. Geburtstag meiner älteren Tochter rief mich meine Schwester an, um mir zu sagen, dass sie jetzt verstehe, was ich meinte als ich einige Monate vorher zu ihr sagte: „Ich bin der Liebe begegnet, ich bin Gott begegnet." Warum?

„Ich hole Euch aus den Gräbern mein Volk", war der Leitsatz vom Pfarrgemeindebasistreffen des deutschsprachigen Raumes (auch Deutsch sprechende Menschen aus anderen europäischen Ländern) in Schwechat, das am Abend des Fronleichnamstages begann. Ich fuhr erst am nächsten Tag hin, weil ich vom Fronleichnamsgeschehen in unserer Pfarre müde war.

Als ich am Freitag in Schwechat eintraf, wurde ich von einigen Leuten, die ich kannte, begrüßt. Wir waren ca. 190 Personen aus ganz Europa. Dabei fiel mir immer wieder ein Mann auf. Ich dachte nach, ob ich ihn schon von irgendwoher kenne, oder ob er jemandem ähnlich sehe, wie z.B. aus dem Fernsehen, was nicht der Fall war. Er zog mich auch nicht als Mann an, sondern als Mensch, aber er sah mich überhaupt nicht. Als ich am Nachmittag nachhause fahren wollte, weil ich mich fehl am Platz fühlte (zu der Zeit hatte ich keine Probleme mit bzw. in unserer Pfarre), stand er mit einem anderen Mann beim Ausgang. Ich war schon draußen, da merkte ich erst, dass er ein Namensschild trug.

Neugierig wer er sei, ging ich noch einmal zurück und las auf seinem Schild:
„KARL Girsch"

Mein Mädchenname ist Girsch. Noch einmal drehte ich mich um, weil ich schon wieder einige Meter entfernt war, ging noch einmal zurück, entschuldigte mich für die Unterbrechung des Gespräches der beiden und fragte diesen Mann: „Sind sie vielleicht aus Großkrut?" „Ja" war seine etwas barsche Antwort und seine folgende Frage: „Warum?" (Schroff bzw. barsch klang die Antwort für mich, da er, wie er mir später erzählte, schwerhörig ist.) „Mein Vater ist auch aus Großkrut, heißt Ludwig Girsch und hatte einen Kaufmannsladen in Blumenthal", erklärte ich. „Na, der Ludwig Onkel" meinte er mit einer Gelassenheit. Nun stand ich da und wusste nicht wie mir geschah. Laut überlegte ich: „Sie - sagen - zu - meinem - Vater - Ludwig Onkel." „Ja", meinte er wieder. Noch einmal blickte ich auf sein Namensschild. „KARL Girsch". Plötzlich gingen mir tausend Lichter auf, denn es gab jemanden in der Verwandtschaft, den ich nicht kannte.

ICH: „O Gott sie sind der Girsch Karl? Der Karli?"
ER: „Ja!"
ICH: „Dann bist du ja mein Cousin!"
ER: „Ja"

Mein Cousin, den ich noch nie in meinem Leben gesehen hatte! Und dessen Vater im Krieg gefallen war, dadurch hatte ich auch diesen nie gesehen. Die Verbindung zwischen der Mutter von Karl und dem Rest der Familie war nach dem Krieg abgebrochen. Die Gründe dafür möchte ich hier nicht ansprechen. Aber deshalb konnte ich auch meinen Cousin nicht kennen.

Umso größer war die Freude für mich, dass ich wieder einmal meine Wahrnehmung ernst genommen habe. Dass ich als Friedensaktivistin dieses Erlebnis haben durfte und dass ich dadurch die Familie zusammenführen konnte.

Soviel ich Karl auch betrachte, für mich hat er mit niemandem aus der Verwandtschaft eine Ähnlichkeit. Es war also nicht sein Aussehen das mich angesprochen hat.

Ich blieb damals natürlich beim Arbeitskreis, ich musste dieses Erlebnis erzählen. Ich war tief beeindruckt. „Gott ist die Liebe - die Liebe ist Gott" schrieb ich im Arbeitskreis auf ein Poster. Für mich war ein Wunder geschehen. Am Abend haben Karl und ich stundenlang miteinander geplaudert, auch seine Frau, die dazu kam, war gerührt. Meinen Töchtern habe ich, gleich als ich nach Hause kam, davon erzählt. Aber um es Papa, der ja der Bruder des Vaters von Karl war und meinen Geschwistern zu erzählen, musste ich einige Tage vergehen lassen, bis meine Seele wieder ruhig wurde und still.

Als ich dann meine Schwester anrief, begrüßte ich sie mit den Worten: „Traude, ich bin der Liebe begegnet. Ich bin Gott begegnet."
Nach meinem Erzählen meinte sie, ich sei weder der Liebe, noch Gott begegnet, sondern unserem Cousin.

Nach der Geburtstagsfeier aber, bei der unser Cousin mit seiner Frau und seiner Mutter - unserer Tante und Schwägerin meiner Eltern dabei waren, konnte sie mich verstehen.

Sie wollte herausfinden wer die Schuldigen waren, dass es damals zu einer familiären Trennung gekommen ist.

Ich bin der Meinung - es war der Krieg - aber jetzt zählt für mich das Gottesgeschenk, dass ich meinen Cousin durch die Wahrnehmung erkannte bzw. gefunden habe.

Yin und Yang

Ich wunderte mich oft über mich, weil mich Marienlieder immer tief berühren, obwohl für mich Maria eine ganz normale Frau ist und nicht die Mutter Gottes.

Wenn ich aber einen evangelischen Gottesdienst besuchte, fühlte ich eine Kälte und es fehlte mir etwas. Ich dachte jedes Mal, weil die evangelischen Gotteshäuser im Gegensatz zu den katholischen schmucklos sind und an den Wänden wenige Bilder hängen. Seit einiger Zeit ist mir aber bewusst, was das Gefühl der Kälte in mir erzeugte. Obwohl es in der evangelischen Kirche Frauen im Priesteramt gibt, ist sie doch männlich geprägt. Es fehlt das Weibliche, es fehlt das Yin, es fehlt Maria.

Maria verkörpert für mich das Weibliche in Gott. Yin und Yang ergeben erst ein Ganzes.
Das Weibliche ist immer sanfter, zärtlicher, wärmer.
Das Männliche hingegen ist stark und kräftig.
Wenn ich in Gefahr war, war mein Vater für mich da. Als ich aber noch ein Kleinkind war, war meine Mutter mit ihrer Zärtlichkeit für mich da.

Nachdem ich viele Jahre lang für meine Kinder Vater und Mutter war, durfte ich zwar sanft und zärtlich sein, aber ich musste auch stark sein. Da ist es kein Wunder, dass ich 2004 energielos wurde.

Ich weiß nun, die Marienlieder sprechen mich bis tief in meine Seele an, weil meine Seele die Verbindung zu Gott - Yin/Yang ist bzw. weil Gott in meiner Seele wohnt. Das erklärt mir auch, wenn in uns Yin und Yang nicht in Harmonie sind, werden wir krank.

Die Welt verändern

Die Welt veränder heißt, unsere Gewohnheiten ändern. Ich habe zweimal drei Mädchen die zum Taizetreffen nach Wien gekommen sind, bei mir aufgenommen. Die ersten Jungendlichen waren sehr fordernd, bis hin zum Unangenehmen. (Sie kamen alle drei aus Wohlstandsländern.)
Die zweite Gruppe war das Gegenteil. Die Mädchen waren drei Freundinnen und kamen aus Litauen. Meine beiden Töchter, die damals noch bei mir wohnten und ich, haben von ihnen einiges gelernt.

Ich wünsche mir, dass ich das an Sie weitergeben darf bzw. kann. Als Leserin oder Leser handhaben Sie es mit dem Duschen wahrscheinlich so, wie wir es bis dahin gemacht haben, nämlich, das Wasser die ganze Zeit in der wir unter der Dusche stehen, über den Körper rinnen zu lassen. Von den litauischen Mädchen lernten wir, erst den Körper abduschen, dann das Wasser abdrehen, einseifen und wieder mit Wasser abduschen. Meine beiden Töchter und ich sprachen mit den Mädchen darüber und diese erzählten uns, dass es in ihrer Heimat selbstverständlich ist bei allem zu sparen, auch beim Duschen, weil doch das Duschwasser Geld kostet.

Meine beiden Töchter und ich setzten uns anschließend noch näher damit auseinander, denn seit Jahren hatten wir schon einige umweltschonende Maßnahmen in unserem Haushalt eingeführt. Wir haben z.B. das Wasser des WCs gestoppt, um nicht unnötig gutes Trinkwasser zu vergeuden. Selbstverständlich erst dann, wenn das WC sauber war. Ich mache das immer noch und inzwischen werden die Wasserkästen bei den WC Anlagen so erzeugt, dass automatisch zwei verschiedene Wassermengen gewählt werden können.

Als ich 1995/96 die Ausbildung als Moderatorin besuchte, war das Augenmerk auf „Nachhaltigkeit" gerichtet. Eine der Abschlussarbeiten war es, ein Poster zu kreieren, das Menschen motiviert, nachhaltig mit der Natur umzugehen.

Nachdem ich weder malen noch zeichnen kann, ließ ich meinen Entwurf von einer Graphikerin anfertigen. Mir war es das Geld wert, denn es musste ja nur die Idee und die Vorlage von mir kommen. Mein Plakat hat Empörung bei den Kolleginnen und Kollegen ausgelöst. Einige meinten: „Ilse, du bist doch sonst nicht so brutal. Wie kannst du so ein Bild machen lassen."

Einige Jahre später, gab es eine Fernsehwerbung in diese Richtung. Man wollte nämlich Eltern darauf aufmerksam machen, wenn sie die Kinder nicht angurten oder zu schnell fahren, kann das im heutigen Verkehr schlimme Folgen haben.

Ich bedaure, dass diese Werbung bald vom Fernsehschirm verschwunden war. Mit Schmuseaufrufen wird viel weniger erreicht als mit tatsächlichen Auswirkungsmöglichkeiten. Da hilft es nichts, wenn man etwas verharmlost.

Genauso ist es mit unserer Umwelt. Wir haben nur diese eine Welt und wir müssten so leben, dass wir sie unbeschadet unseren Kindern hinterlassen. Das tun wir aber leider nicht. Bei diesbezüglichen Gesprächen sage ich oft: „Wenn es eine Erbsünde gibt, dann ist sie das, was wir Menschen an Schäden der Natur zufügen und von Generation zu Generation weitergegeben."

Ein Beispiel:
Vor 200 Jahren gab es keine Stromerzeugung. Unsere Vorfahren haben Kerzen als Licht- und Holzfeuer als Wärmequelle verwendet. Dann kam der elektrische

Strom und wir hatten dadurch ein leichteres Leben. Aber ist das nicht die Ursache, dass dadurch die Umwelt immer mehr und mehr belastet wird und der Natur schadet? Wir schaffen es nicht, wieder zur Kerze zurückzufinden oder auf Kühlschränke zu verzichten. Das ist z.B. die Erbsünde, die wir von unseren Eltern bzw. Großeltern übernommen haben.

Unsere Generation hat die Atomkraft, die so enorme Schäden an der Umwelt hervorruft, dass sie nicht wieder gutzumachen sind. Vielleicht in tausenden und abertausenden von Jahren.
Ich bin mir nicht sicher, ob nicht einige Pyramiden etwas gutmachen sollten, was die damaligen Menschen verursacht haben. Sie hatten Hochkultur, sonst hätten sie nicht zentnerschwere Steine viele Kilometer über Berg und Tal transportieren können. Ich verstehe manche überhebliche Leute nicht, die behaupten, das wäre alles von Menschenhand und
-Kraft ohne technische Geräte und Maschinen transportiert worden. Wir können uns auch nicht erklären, weshalb die Mayas plötzlich ihr fruchtbares Land verlassen haben.
Seit dem Reaktorschaden in Japan kann ich es mir vorstellen. Leider sehr gut sogar.
Trotzdem gibt es zu wenig Reaktion der Menschen gegen ein Weitermachen von Atomreaktoren.

Mein Bild ist leider nackte Wahrheit, nur ist es den Menschen nicht bewusst, dass sie so an ihren Kindern handeln, daher zeige ich auf der nächsten Seite das Bild.

Sprachtalent

Die Liebe ist sehr oft ohne Worte völkerverbindend. Ich habe kein Sprachtalent. (Ich habe Probleme mit deutsch, erst recht mit anderen Sprachen.) Englisch kann ich ein ganz klein wenig und ich sage lachend: „Spätestens beim 3. Satz denke ich über den 2. so lange nach, dass ich den 1. schon vergessen habe."

Wahrscheinlich ist das der Grund, dass ich Menschen mit dem Herzen verstehe. Das wirkt sich in meinem jetzigen Beruf besonders aus, weil ich fühle, was in meinen Klienten vor sich geht.

Vor zwanzig Jahren war ich mit einer Bekannten eine Woche in Rom. Sie machte vorher noch einen Schnellkurs in italienisch, weil sie, wie sie sagte sehr Sprachbegabt war.
Trotz ihrer Englisch- und Italienischkenntnisse, verstand ich oft besser, was uns gesagt wurde als sie.

Z.B.: Wir kauften in einem kleinen Handarbeitsladen gestickte Decken und fragten die Verkäuferin anschließend um den Weg nach, ich weiß nicht mehr wohin. Die Verkäuferin und ich unterhielten uns und ich kannte den Weg. Meine Bekannte fragte mich, weshalb ich verstanden habe, was die Verkäuferin uns erklärt hat, aber ich wusste es selber nicht. Hätte ich das Ziel um das wir fragten nicht gefunden wäre es verständlich für meine Bekannte gewesen, doch wir kamen da an, wo wir hin wollten.
Ebenso ging es mir in Jugoslawien (1968), in Italien, Ungarn, CSSR und in Frankreich, wo ich jeweils drei Wochen ohne Reiseleitung mit dem damaligen Partner bzw. einer Freundin unterwegs war.

Vor einigen Jahren lebte in der Nachbarwohnung eine afrikanische Familie. Der Mann sprach deutsch, doch die Frau konnte kein Wort deutsch, auch nicht englisch.

Eines Tages läutete sie an meiner Tür, tränenüberströmt und sich den Bauch haltend, sie war nämlich hochschwanger. Es war ein wunderbares Erlebnis, ohne Sprache für sie da zu sein. Wie bekannt ist: „Die Liebe braucht keine Worte." Streicheln, trösten und „Energie geben" kann man auch wortlos. Fast hätten wir gemeinsam das Baby zur Welt gebracht, sie hatte mich wohl erst sehr spät geholt. Im letzten Moment kam die Rettung. Der glückliche Vater den ich verständigt hatte, brachte mir noch am gleichen Tag ein Foto des gesunden Babys.

Autorin

Ich bin 1945 in einem kleinen Ort im Weinviertel in Niederösterreich geboren. Als Tochter eines Kaufmannes habe ich den Beruf als Einzelhandelskauffrau erlernt. Zehn Jahre später, schon als Mutter einer Tochter in Wien lebend, holte ich die Matura nach, machte den Bilanzbuchhalterkurs und schlug die Laufbahn als Steuerberaterin ein.

Seit zwei Nahtoderlebnissen bei einem Herzstillstand 1988, fühle ich Katastrophen von der ganzen Welt voraus. Ich spüre im Vorhinein das Sterben von Menschen die mir nahe stehen oder von berühmten Persönlichkeiten. Ich habe seither eine andere Einstellung zum Umgang mit Tod und Trauer. Ich bin überzeugt: „Wer liebevoll mit dem Tod umgeht, geht auch liebevoll mit dem Leben um." Daher habe ich seit 1990 Seminare, Vorträge und Vorlesungen sowie Lehrgänge an der Uni Wien und anderen einschlägigen Akademien (einschließlich einer ärztlichen Prüfung in Deutschland) besucht/absolviert, welche alle dazu dienten Menschen aus tiefen Krisen zu begleiten.

März 1992 bin ich dem eingetragenen Verein „Arbeitsgemeinschaft Haus des Friedens" beigetreten und von 1998 bis zur Auflösung des Vereines 2014, habe ich ehrenamtlich die Position als Obfrau übernommen. Arbeitsgemeinschaft Haus des Friedens war eine Arbeits-Gemeinschaft für Sterbe- und Trauerbegleitung nach Elisabeth Kübler-Ross. Zweck des Vereines war die Erarbeitung, Verbreitung und praktische Anwendung der Lebensbegleitung von Sterbenden und von Menschen, die sich durch einen Todesfall in einer seelischen Krise befinden.

Seit 2009 übe ich den Beruf als Humanenergetikerin aus.

Haben Sie schon meine anderen Bücher gelesen

„Tod Krone des Lebens"
Erfahrungen meiner eigenen Nahtoderlebnisse
und anschließend als Sterbebegleiterin

„Ich helfe Dir Deine Trauer zu lindern"
Unerträglichen Schmerz in Süße oder Liebesgefühle
umwandeln

„Seelenpflege"
Meine Seele mein Ich

„Wunder Wahrnehmungen Eingebungen"
Kommunikation mit dem
Universum - Jenseits – Unterbewusstsein

„Ich wollte vom Frieden nicht nur träumen"

„Unter allen Umständen bis dass der Tod euch scheidet?" Ehe, Liebe, Sexualität

Quellennachweis
Wikipedia, der freien Enzyklopädie

Chao Kok Sui: *„Grundlagen der Prana-Psychotherapie"*

Edmund & Michaela von Hollander:
„Vartan - Pfad des Nordens"